別冊　問題

大学入試

全レベル問題集
現代文

1

基礎レベル

JN247482

Obunsha

目次

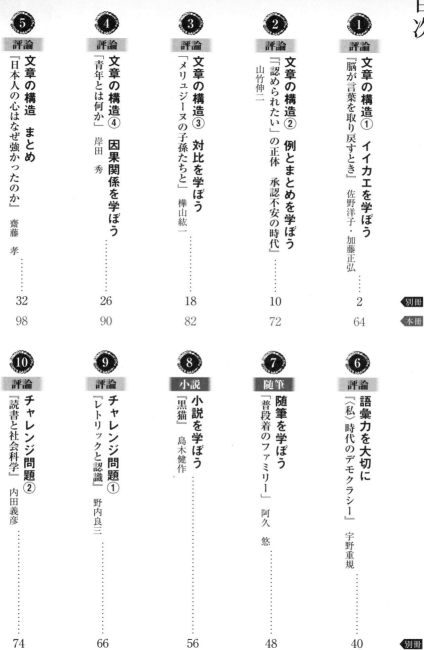

1

評論

文章の構造① イイカエを学ぼう

『脳が言葉を取り戻すとき』

佐野《さの》洋子《ようこ》・加藤《かとう》正弘《まさひろ》

目標解答時間 20分

本冊（解答・解説） p.64

「言語が最初だ」という意味を、「言分け構造」に即しながら、考えよう。

次の文章を読んで、後の問いに答えなさい。

ヨハネ伝福音書の ア ボウトウに、次のような言葉が書かれている。

太初《はじめ》に言《ことば》ありき。
言《ことば》は神と偕《とも》にあり。
言《ことば》は神なりき。

ここには言葉の本質が描き出されている。これは、人間にとって言葉なくしてはこの世界は何の意味もなさず、言葉は人間の精神そのものである、という意味である。

ところで、まず①最初に言葉があった、とはいったいどういう意味であろうか。

すべての始まりを宇宙の誕生に求めるなら、「太初《はじめ》にビッグバンありき」とでも言うべきだろう。あるいはまた、人類の誕生をもってすべての始まりとするなら、「太初《はじめ》に生命《いのち》ありき」ということにならないだろうか。確かに、自然界（または宇宙）の営みとしてはそうかもしれない。しかし、人間は、単に生命体としてこの世に生まれてきただけでは、「人間」とはいえない。それは動物の一種としての「ヒト」である。「ヒト」は「イヌ」や「サル」などと同じ動物である。動物にとって、世界の意味はそれほどイフクザツなものではない。そこには、種としての生命を維持していく上で有益であるか無益または害になるものであるかの二つの意味＝価値しかない。言語哲学者の丸山圭三郎の言葉を借りれば、このような世界の構造は「身分《みわ》け構造」と呼ばれる。本能としての身体で世界を分けるからである。

一方、人間は「身」ではなく、「言葉」によって世界を分節し意味を与える能力を持っている。例えば一〜二歳の子供が犬を見て、生まれて初めて「ワンワン」という言葉を発したとき、②その瞬間からその子供の意識の中に「ワンワン」、すなわち犬の存在が生まれるのである。もちろん「ワンワン」という言葉が発せられる何か月も前から、その子供の目には時折、犬の姿が映っていたことであろう。しかしそれは、茫洋《ぼうよう》とした外界の一風景に過ぎなかったはずである。ところが「ワンワン」と言葉にしたその瞬間、その茫洋とした外界から「ワンワン」が初めて意味を持った存在として切り取られるのである。と同時に、「ワンワン」と「ワンワンでない物」とが分けられるのである。こうして「人間」は種の本能とは別の次元で、次々と「言葉」によって世界を分け、世界に意味を与えていくのである。このようにして分けられた世界の構造は、前述の「身分け構造」に対して「言分《ことわ》け構造」と呼ばれる。言葉で世界を分けるからである。これによって人間は、「真実／真実ではない」「正しい／正しくない」「美しい／美しくない」など、単に生命を維持していくためだけなら必要のないさまざまな価値基準を持ち、さまざまな文化を持つようになったのである。言い換えると、それが人間の人間たる所以《ゆえん》なのである。

一方、言葉にはすでに存在している事物や観念にラベルを貼る二次的な作用もある。例えば③「キャラクター人形の愛称募集」などという広告に見るような場合である。われわれの日常的な感覚からすると、「言葉の役割とは何か」と問われたとき、むしろこちらのほうが答えとして当たっているのではないかと思われるかもしれない。しかしこれは、言葉のウヒョウソウ的な役割に過ぎない。言葉の本質は前者のほう、すなわちわれわれを取り巻くエカンキョウ世界に意味を見出《みいだ》し、区別し、人間独自の文化を作り出していく働きにある。人間は言葉を持っているからこそ、この外界を意味の豊かな世界として認識することができるのである。すなわち言語は、人間が「人間」として世界に存在し続ける上での根本をなすものなのである。

北アメリカのイヌイット（注1）は、雪の状態を表現する名詞を百個近く持っているという。一方のわれわれは、粉雪、ぼたん雪、みぞれなど、雪の降る状態を表すための名詞をいくつか持っているが、積もった状態の雪を表現する名詞はほとんど持っていない。このことは、雪の状態を細かく正確に認知する能力に関しては、イヌイットの言語にオジュクタツした人のほうがわれわれより優れているということを示している。また、虹は七色とされているが、赤橙《だいだい》黄緑青藍《あい》紫の七つの色のそれぞれに対して該当する名詞を持っている言語は必ずしも多くない。たった三つか四つの色名しか持たない言語もあり、そのような言語を使っている人は、色の名詞をたくさん持つ言語を使う人よりも色の識別能力が劣るという報告もある。

つまり、最初から色彩豊かな世界が人間とは無関係に独自に存在していて、後から現れた人間がそれに対して一つひとつ名前をつけていったのではないのである。人間が言葉で名づけたことによって世界が意味を持って人間の前に立ち現れ、その結果、人間が「人間」として存在するようになったのである。

ご存じ(注2)フーテンの寅さんの名ゼリフの一つに「数字の始まりが一ならば国の始まりは大和の国、島の始まりが淡路島で泥棒の始まりが石川五右衛門」というのがあったように記憶するが、人間存在にとっての太初《はじまり》はまさに言《ことば》なのである。

注

1 イヌイット…カナダ北部の先住民族。

2 フーテンの寅さんの名ゼリフ…映画「フーテンの寅さん」の中で、俳優渥美清が演じる「寅さん」が商売のときに周囲の客に向かって語る言葉。

問一　傍線部ア〜オのカタカナを漢字に直しなさい。

ア	イ	ウ	エ	オ

2点×5

問二　傍線部①「最初に言葉があった」とあるが、本文ではどのようなことを言っているのか。そのことを説明している最も適当な一文（六十字以上六十五字以内、句読点等を含む）を、傍線部よりも後から抜き出し、その最初と最後の五文字を記しなさい。

□□□□□ 〜 □□□□□

5点

問三　傍線部②「その瞬間からその子供の意識の中に『ワンワン』、すなわち犬の存在が生まれる」とあるが、ここで言われている「犬の存在」を説明するものとして最も適当なものを次の中から選び、符号で答えなさい。

1　「ワンワン」という名で呼ばれる特殊な犬。

2　子供に対して吠《ほ》えかかる犬。

3　他の犬から区別される、かけがえのない一匹の犬。

4 「ワンワン」として他のものと区別される対象。
5 「ワンワン」という言葉。

5点

問四 傍線部③「『キャラクター人形の愛称募集』などという広告に見るような場合」とあるが、どのような場合のことか。最も適当なものを次の中から選び、符号で答えなさい。

1 環境世界に意味を見出し、区別し、人間独自の文化を作り出していく場合。
2 名前のないものに名前を与えることで世界に新たな意味づけをする場合。
3 意味を持たない対象に名前を与えることで新しい意味を作り出す場合。
4 新しい名前を与えることで、それまで気づかなかった意味を発見する場合。
5 人間にとってすでに意味のわかっている対象に名前をつける場合。

5点

問五　次の文1〜5について、本文の趣旨に合致しているものに対してはA、合致していないものに対してはBの符号で答えなさい。

1　人間が言語を持つのは、動物として生命を維持していくこととは別次元の事柄である。

2　赤色と橙色のような二つの色を区別するか否かは、言語によって異なることもある。

3　「身分け構造」によっては、外界を意味の豊かな世界として認識することはできない。

4　「ヒト」と「人間」の区別は、言葉と関係なく存在する。

5　雪の状態を細かに表現するイヌイットの名詞を取り入れることで、日本語をより豊かにしていく必要がある。

1
2
3
4
5

3点×5

40点

［出典：佐野洋子・加藤正弘『脳が言葉を取り戻すとき　失語症のカルテから』（日本放送出版協会）］（中央大学出題　改）

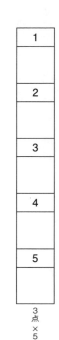

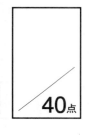

2

評論

文章の構造② 例とまとめを学ぼう

『「認められたい」の正体　承認不安の時代』　山竹伸二《やまたけしんじ》

目標解答時間　25分

本冊（解答・解説）　p.72

Hさんの例をまとめた部分はどこか、意識しながら読んでいこう。

次の文章を読んで、後の問いに答えなさい。

たとえば、仲間の承認を得るために自分の本音（ありのままの自分）を抑え、仲間の言動に同調した態度をとり続ける若者は少なくない。仲間の間で成立するコミュニケーションにおいて、リーダー格の人間の気分次第で変化する暗黙のルールを敏感に察知し、場の空気を読み取りつつ、絶えず仲間が自分に求めている言動を外さないように気を遣っている。

このようなコミュニケーションは「仲間であることを確認（承認）しあうゲーム」とも言い得るが、しかしその証《あかし》は明確な役割や目的によるものではなく、空虚なものでしかない。価値のある行為によって認められるわけでも、愛情や共感によって認め合うわけでもない。それは場の空気に左右される中身のない承認であり、以下、このような承認をめぐるコミュニケーションのことを、「空虚な承認ゲーム」と呼ぶことにしよう。

家族や仲間関係において、相手の愛や信頼に疑いを抱くとき、自分は受け入れられているのかどうか、認められているのかどうか、強い不安に襲われるようになる。そのため、自分の考えや感情を過度に抑制し、本当の自分を偽って家族や仲間に同調し、無理やりに承認を維持しようとする。それはただちに「空虚な承認ゲーム」となり、必ず自己不全感がつきまとう。そして少しでもコミュニケーションに齟齬《そご》(注1)が生じ、その関係が行き詰まれば、自己否定的感情に襲われ、絶望的な気持ちになるのである。

①「空虚な承認ゲーム」が最も目立ったかたちで見られるのは、思春期における学校の仲間関係であろう。かつてこの関係は、親に認められなくとも、「ありのままの自分」を受け入れてくれる安息の場所であった。価値観を共有できる仲間たちと相互に承認しあうこと、それは親の承認という呪縛から逃れる上で、とても大きな意味を持っていた。しかし、いまや思春期における多くの仲間関係は、本音をさらけ出せる場所ではなく、「ありのままの自分」を抑制せざるを得ない閉塞感が漂っている。

そもそも思春期の生活のほとんどは家庭と学校の往復であり、交友関係も同級生やサークルの仲間に限られている。このような小さな人間関係のなかで、彼らは生活の大半を過ごす場所を守るために、仲間と接している間は絶えず場の空気を読み、仲間の気に障《さわ》りそうな言動は極力避けている。相手の反応を少しでも読み間違えれば、仲間との関係は容易に破綻し、仲間はずれになり、「友だち」という立場を失ってしまうからだ。そのため、仲間との間に感じ方や考え方のズレが生じても、本音を表には出せなくなっている。

少数の仲間とうまくいかなくなっても、他の友だちを見つければよい、別の仲間に入ればよい、そう思うかもしれない。しかし、社会学者の土井隆義によれば、現在の学校におけるクラス内での仲間集団には一定の階層（身分制度）があり、②誰もが自分の属するグループの仲間以外は、友だちの対象とは見ていない。これは一般に「スクール・カースト」（注2）と呼ばれている。（中略）

この問題について、臨床心理士の岩宮恵子は次のような興味深い事例を報告している。

カウンセリングを受けに来たある中学二年の女子Hは、クラスのなかで一番上のグループとされる、おしゃれで洋服や髪型に気を遣う派手なグループに属していたが、仲間はずれにされたことをきっかけに、教室に入りにくくなり、保健室で過ごすようになった。他のグループにはHを受け入れようとする生徒たちもいるのだが、彼女たちは位の低い地味なグループであるため、Hは絶対にいやだと言う。③その子たちが話しかけてきても、「話しかけんな!」と拒絶してしまうほどだ。一方、自分を排除した仲間たちに対しては、ご機嫌をうかがうような、卑屈な態度を続けており、無視されたり、冷たくあしらわれても、元のグループに戻りたいと切望している。

岩宮恵子によれば、これはHに限らず、多くの思春期の女の子に共通する傾向であり、「彼女たちは、自分が属しているグループの数人の人たちには、信じられないくらいの労力を使って関係を維持することに［ a ］としているのに、自分が重要と思わない人に対しては、ほんとうに無神経な言葉で傷つけることがある」（『フツーの子の思春期』）。

おそらくHの苦悩の根幹には、自己の存在価値が下落することへの恐怖がある。孤独だけが問題なら、別のグループの人間に優しくされれば、その苦しみはかなり癒《いや》されるはずだが、彼女にはまったくその様子が見られない。むしろ、身分が低いグループと付き合えば自分の存在価値が落ちる、それだけは避けたい、という激しい抵抗感がある。そのためどんなに苦しくても、自分の属する仲間との間で「空虚な承認ゲーム」を繰り返してしまうのだ。

中学生ぐらいの年齢ではまだ交友関係も狭いため、家族や友人関係など、身近な人々の承認に固執してしまうのも無理はないし、それは昔もいまもさほど変わらないだろう。しかし、スクール・カーストのような現象には、身近な人々のなかにさえ線引きをし、あえて交友関係を広げまいとする心理が垣間見える。線引きをした外側の人間は、たとえ同じクラスにいても「見知らぬ他者」と同じであり、自分を認めてほしい相手ではないのである。

これは思春期独自の問題というより、若い世代を中心に広く見られる傾向でもある。多くの人は思春期を終えて大学生や社会人になっても、身近な人々の直接的な承認にこだわる点では変わりなく、承認の対象を見知らぬ他者へ広げようという姿勢があまり見られない。

注
1　齟齬…食い違い。
2　スクール・カースト…学校での人気の度合いを表す序列・階層。

問一　傍線部①「『空虚な承認ゲーム』が最も目立ったかたちで見られるのは、思春期における学校の仲間関係であろう」とあるが、それはなぜか。その理由として最も適切なものを次の中から選びなさい。

1　そもそも学校とは様々な感じ方や考え方を持った思春期の若者が集まる場であるため、たとえ同じグループの仲間であっても考え方にズレが生じるのは当然だから。

2　学校という場では、先輩・後輩といった上下関係が非常に重視されるので、スクール・カーストのような上下関係も発生・定着しやすい前提が整っているから。

3　「ありのままの自分」を受け入れて欲しいと願う思春期の同世代が集まることで、同じ種類の不安や悩みを共有できる仲間が見つかりやすい環境が生まれるから。

4　見知らぬ他人などどうでもいいと考える人も少なくない現代社会においては、思春期の若者にとって自己の存在価値を認めてくれるのは学校で知り合った仲間しかいないから。

5　思春期の若者は多くの時間を学校で過ごし、交友関係も必然的に学校の仲間に限定されるため、その仲間に認めてもらうための努力が大きな意味をもつから。

9点

問二 傍線部②「誰もが自分の属するグループの仲間以外は、友だちの対象とは見ていない」とあるが、こうしたあり方の根底にある心理を説明した語句を本文中から十五字以上二十字以内で抜き出しなさい。

9点

問三 傍線部③「その子たちが話しかけてきても、『話しかけんな！』と拒絶してしまう」とあるが、この女子生徒Hはなぜこうも強く拒絶するのか。その理由として最も適切なものを次の中から選びなさい。

1 他の級友を拒絶する演技をすることで、元のグループに戻りたいという意志を示そうとしているから。

2 他者を蔑《さげす》んだり、排除したりすることで、排除されたときの悔しさを晴らそうとしているから。

3 自分が仲間として認めない者は、どうでもいい存在でしかなく、無意味なものとしか思っていないから。

4 スクール・カーストでは、下から上の階層へ話しかけること自体が暗黙のうちにタブー視されているから。

5 たとえクラスメートでも、関心のない者はみな風景と同じであり、対等な友人とは見なさないから。

（解答欄は次ページ）

問四　空欄［a］に当てはまる語として最も適切なものを次の中から選びなさい。

1　悄然《しょうぜん》　2　粛々《しゅくしゅく》　3　敢然《かんぜん》　4　汲々《きゅうきゅう》　5　憮然《ぶぜん》

9点

4点

問五　次の中から本文の内容に合致するものを一つ選びなさい。

1　大勢の人々から承認されることを内心では望みつつも、それを最初から諦め、身近な仲間からの承認だけで妥協している現代の若者は、非常に危険な状態にあると言わざるを得ない。

2　本当の自分を受け入れてくれる仲間の存在は、思春期の若者にとっては得がたいものであるため、一旦その仲間を手に入れてしまうと、今度はそれを逃すまいと必死になり、「偽りの自分」を演じてしまうことすら嫌だと思わなくなる。

3　リーダーの意向や場の空気を読むことに絶えず神経を使い、「偽りの自分」を演じてまで承認を得たとしても、常に自己不全感がつきまとうため、積極的に交友関係を広げようとしない若者が近年目

2

立ってきている。

4 「ありのままの自分」を受け入れてくれる関係を作ることができないというのは、今日の学校という場にはありがちな問題であるが、現代社会では家族においてもそれと似た状態が生じている。

5 現代の学校に見られる閉塞した事態を打破するためには、まず学校の仲間関係を、かつて存在したような、「ありのままの自分」を受け入れてくれる安息をもたらす関係に変える必要がある。

9点

40点

〔出典：山竹伸二『「認められたい」の正体　承認不安の時代』（講談社）〕（法政大学出題　改）

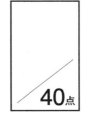

3

評論

文章の構造③ 対比を学ぼう

「メリュジーヌの子孫たちと」 樺山紘一《かばやまこういち》

目標解答時間 25分

本冊（解答・解説） p.82

古代ヨーロッパとキリスト教以後のヨーロッパとの対比を押さえ、それと日本がどう対応するか、考えて読もう。

次の文章を読んで、後の問いに答えなさい。

最近わたしは、こんな伝説にたいそう興味をもっている。そのころ、ヨーロッパ各地で、いろいろの［ a ］のもとに語られたメリュジーヌ伝説のことである。

妖精メリュジーヌは、森深い泉で水浴をしていた。ひとりの若い騎士が狩りの道に迷って泉にやってくる。水浴の乙女をみそめて、騎士はメリュジーヌに求婚する。かの女はたったひとつの条件をしめして、同意する。けっして水浴する姿をみないでほしいと。

幸福な結婚が実現した。愛らしい児《こ》がうまれた。妻メリュジーヌは、夫の騎士のためにともに働き、領地をふやして、戦いに勝った。

ある日のこと、騎士はふと疑いをもった。妻はいったい、どんな姿で水浴しているのかと。浴室の戸のすき間からのぞきこんだ騎士は、あっと驚きの声をあげた。そこには、水浴びする蛇がのたうっていたから。メリュジーヌは、哀しい声をあげて夫にいう。約束が破られたからには、仕方ありません。遺《のこ》された子供たちとともに、一家の繁栄をはかってくださいと。メリュジーヌは蛇身のまま窓から身を躍らせ、森にふたたびかえっていったのであった。

このメリュジーヌ伝説は、その骨組についていえば、世界各地で知られている。蛇であったり、白鳥であったり、鶴であったりするが。ワーグナーの歌劇『ローエングリン』はすこし筋立てがずれてはいるが、白鳥の変身がテーマとなっている。日本でも、古くから親しまれていたようで、蛇女房とか鶴女房の話とよばれている。木下順二氏のアギキョク『夕鶴』は、これに取材したものである。

いまここで、八百年も前の伝説をもちだしたのは、①その当時ヨーロッパ人がもっていた率直な自然観のことを、想いだしたいからである。ヨーロッパは森におおわれていた。森には妖精が棲《す》み、妖怪もいた。現在のヨーロッパ平原とはちがって、魔物がかけめぐり、恐れと親しみが同居する異様な領界がひろがっていた。

人間はときに、森の魔性と語らうことができ、妖精と夫婦となることだってできた。たがいに侵犯を避け、ともにいつくしみあう、沈黙の約束があった。（中略）

人間と蛇とが交《まじわ》って子を残す。その一族の将来は祝福されている。これはかなり、思い切った自然観の表明である。（中略）人間と蛇、人間と自然とのあいだには、決定的な障壁などはない。ところが、いつのころからか、ヨーロッパ人はこうした自然観を放棄してしまう。人類と生物のあいだには、天地創造以来の区分があり、かたや支配者、かたや隷属者という、予定された階層秩序ができあがっていると、論ずるようになった。そればかりか、おなじ人類のうちですら、肌の色、言葉の種類、信仰の種別によって差違があると、信じるようになった。騎士と蛇メリュジーヌとが森で契りをむすぶという、あのみずみずしい感性はどこへいってしまったのか。

人類こそが、神の恩寵《おんちょう》、 **b** によって、最高位をしめ、自然はみな効用のために準備されているなどという、思いあがりが、ヨーロッパ人をとらえた。人類への進化の前段に猿があったという進化説に、強い抵抗をしめしたこの感性は、いまもかなり健在だとおもわれる。「人種」という区分すらも、ごくふつうのヨーロッパ庶民のあいだでは、優劣の比較で考えられ、文明の提供者たる白人という信念は、言葉のはしばしにイロコツに、あらわれる。

あのメリュジーヌ伝説を、もういちど思いかえして、考えなおしてほしい、というのが率直な感想である。②われら日本人は、自然との距離を、はるかに短か目にとってきた。明治初年に、ダーウィン進化説を学んだ人たちは、猿と人間とのあいだのある連続性に、むしろ安心感すらもったようだ。なにせ、外貌からしてたいそう似ているものだから。蛇女房や鶴女房のような異類婚姻譚《こんいんたん》は、民話の中におびただしく残っており、日本人の自然観をみごとにしめしているといえる。（中略）そればかりではない。異種の人類にたいしてすら、われわれはたいそう寛容な態度をとってきた。寛容というよりは、むしろ［ c ］とでもいえる態度だ。出所由来のさだかならぬ外来者を遇するにあたって、予想をこえた(注)ホスピタリティをしめしたものである。客人（まろうど）とか、まれびととかよんで、敬意を表した。（中略）わたしたち日本人は、ヨーロッパ人がおちいったような［ d ］な観念とは、無縁である。

ヨーロッパの友人に、わたしは、そう胸をはって言いつのる。いまや、ヨーロッパ人の自然観や人間観は**ウ**シッツイしているとも。

けれども、そう強弁したそばから、不安がたちさわぐ。自然と隣人となり、まれびとを崇敬したはずの日本人が、自然を毀《こぼ》ち、環境を汚染したから。そればかりではない。隣人として、いまや日常生活のはしばしに住まっている外国人に、どう接しているのか。（中略）

ガイジンという奇妙な語が流布し、この語は、日本に住みながらも、日本文化のメンバーシップに加えられない、あいまいな人びとを指称するときにつかわれる。（中略）

いつの間に、わたしたちはこんな［ d ］さを身につけてしまったのか。（中略）ともあれ、ヨーロッパ人のある頑固さを嘲笑できなくなった日本人は、いまとなってふたたび、鶴女房という民話の素朴な開放感をとりもどさねばなるまい。メリュジーヌの子孫たるヨーロッパ人と、ゆっくり経済や文化の摩擦のことを話しあうことができるために。

注 ホスピタリティ…親切にもてなすこと。

問一 傍線部ア～ウのカタカナを漢字に直しなさい。

ア	イ	ウ

2点×3

問二 空欄 a ～ d （ d は二箇所）に入れるのに最も適当な語句を、次の1～5の中から一つずつ選びなさい。

1 偏狭《へんきょう》　2 意匠《いしょう》　3 放縦《ほうじゅう》　4 畏敬《いけい》　5 摂理《せつり》

a	b	c	d

3点×4

問三 傍線部①「その当時ヨーロッパ人がもっていた率直な自然観」とはどのような「自然観」か。それを説明した次の文の空欄を満たすのに適当な語句を、本文中から二十字以上二十五字以内で抜き出しなさい。

という自然観。

5点

問四　傍線部②「われら日本人は、自然との距離を、はるかに短か目にとってきた」とあるが、どういうことか。その説明として最も適当なものを、次の1～5の中から一つ選びなさい。

1　猿と人間の連続性を指摘する進化説の学問的深さとは無縁であったということ。

2　異類婚姻によって子孫が末永く続く、というような言い伝えはもっていなかったということ。

3　異類婚姻譚が社会的拡がりをもたず、家族的な愛情の範囲にとどまっていたということ。

4　猿や蛇や鶴と人間とを絶対的に異質なものだ、とは思ってこなかったということ。

5　異種の客人に対して、たいそう寛容な態度をとってきたということ。

5点

問五　本文の趣旨に合致するものを、次の1～5の中から二つ選びなさい（ただし、解答の順序は問わない）。

1　日本人もかつてはメリュジーヌ伝説の時代の西欧と同じ自然観をもっていたが、今では自然と人間を明確に分ける近代以後の西欧と同様の自然観を抱いている。

2　日本人には自然と自分たちが身近な存在だという観念があるため、人間を猿の延長とする考え方には抵抗を覚えてしまいがちである。

3　自然の化身である存在が人間に富を与えるように、自然は常に人間に対する愛情をもつのだが、人間は簡単に自然を裏切ってしまう。

4　隣人として我々の日常の一員となっている外国人を、客人としてではなく同じ人間として接していかなくてはならない。

5　人間を特別扱いし、人間と動物が同類であることを否定しようとするヨーロッパの現代の自然観は、異人種をさげすむヨーロッパ人の態度と通じるものがある。

6点×2

［出典：樺山紘一「メリュジーヌの子孫たちと」］（武蔵大学出題 改）

／40点

4

評論

文章の構造④ 因果関係を学ぼう

「青年とは何か」

岸田《きしだ》 秀《しゅう》

目標解答時間 25分

本冊（解答・解説） p.90

「青年」がいなくなったという〈結果〉、に対する筆者の〈答え〉を探そう。

次の文章を読んで、後の問いに答えなさい。

日本語のいう「青年」とは、社会的には近代国家、近代社会の実現をめざし、個人的には近代的自我の確立をめざしたところの、幕末から明治にかけてはじめて出現した若い人たちのことであろう。そういう意味で、もっとも青年という言葉のイメージにピッタリするのは、吉田松陰とか坂本龍馬などの明治維新の志士たちであろう。この二人とも、新しい近代国家としての日本の建設をめざし、志半ばにして斃《たお》れたわけで、まさに日本の「青年」のはしりであった。

その後、日本の「青年」たちは、よきにつけあしきにつけ、文学や芸術の世界でも、学問の世界でも ア カツヤクをつづけた。クラーク博士に"Boys be ambitious!"と言われ、それを「青年よ、大志を抱け！」と訳して大志を抱いた（実際には、クラーク博士はそういう意味で言ったのではないとの説もあるが）青年たちは **a** な日本の青年であった。結果的にはまずかったが、昭和維新をめざしたいわゆる青年将校たちも日本の青年のイケイレツに連なるであろう。この青年たちは、敗戦後も六〇年の反安保闘争（注1）の頃にはまだいたし、七〇年頃にもいたと思われるが、どうもその頃から次第に姿を消しはじめたらしい。その頃か、その少しあとか、「モラトリアム人間」ということが言われ、おとなになりたがらない青年が問題にされはじめたが、子どもからおとなへの過渡期がモラトリアム（注2）であり、おとなになろうとしてまだなれないウミジュクモノが青年なのだから、「人間はおとなにならなければならない」という社会規範がくずれ、人々ががんばっておとなになろうとしなくなれば、モラトリアムもくそもなくなり、青年は姿を消すわけである。（中略）

もちろん、悩みのない人間はいないし、若者たちだってそれぞれ悩みを抱いているであろうが、その悩みが、何というか、青年ではない中年や少年が抱いていても別におかしくないようなもので、とくに青年らしい悩みというのが少なくなったように思われる。あるいは、他の人たちにはあまり共有されないようなエキイな悩みを抱いていて気がついてみると、変な宗教に入っていたり、また、つっぱるにしても真剣ではなくて、就職しようということになったとたん、何の抵抗もなくリクルートスタイルになるとか。（中略）いずれにせよ、青年といえば、何らかの理想を信じて戦うにせよ、あるいは挫折して世を恨むにせよ、それなりに真剣であったが、今や理想のために戦うなんてダサイという感じ、世を恨んですねているなんてさらにダサイという感じである。

このように、明治以来日本の近代化とともに出現した青年なるものは姿を消しかかっているようであるが、それがどういうわけで出現したかを考えてみれば、その消滅の理由も明らかであろう。

さきに述べたことをもう一度繰り返せば、日本の「青年」は近代日本人が欧米の「おとな」の規範を採り入れて［X］を確立しようとし、日本を近代国家にしようとしはじめたときに出現したのであるから、［b］に言って、日本人がそういう努力をやめれば、たちどころに消失するはずである。

現代日本人はそういう努力を完全にやめたとは言えないまでも、やめかかっているのではないか。自由、平等、民主主義を原則とする欧米の近代社会は日本人の理想であったし、日本においても実現しようと努力しつづけてきたのであったが、気がついてみると欠陥だらけであった。そもそも欧米人自身が近代社会の価値を疑いはじめている。また、欧米よりさらに進んだ共産主義の理想を追い求めていたはずのソ連も［オ］ホウカイしてみるとお粗末至極な実情が明らかとなった。日本も大したことはないかもしれないが、一応［c］には世界の最先端を行っているし、平和で豊かな社会を築いているし、かつて先進国だと思っていた国々より遅れているということはない。そうだとすれば、欧米の「近代社会」を理想として追求する必要はもうないし、そういう「近代社会」を維持するのに必要な人格構造、［d］な意味での「おとな」になろうと無理な努力を重ねる必要はない、という気がしはじめたのではないか。そうなれば、日本から「青年」が消えはじめるのも当然であろう。近頃は「青年」という言葉を聞くことが少なくなり、「若者」という言葉に取って代《かわ》られつつあるとのことであるが、このことはそういう事情を反映しているのであろう。

注
1 反安保闘争…日米安全保障条約の延長をめぐって、当時の若者たちが暴力闘争も含め、政府と戦ったこと。
2 モラトリアム…ここでは、おとなになることが猶予（＝延期）される期間、という意味。

問一 傍線部ア〜オのカタカナを漢字に直しなさい。

ア	イ	ウ	エ	オ

2点×5

問二 空欄 a 〜 d に入れるのに最も適当な語句を次の1〜5の中から各々一つずつ選び、記号で答えなさい。ただし同じものを二度は用いないこと。

1 欧米的　2 論理的　3 技術的　4 感情的　5 典型的

a	b	c	d

3点×4

問三 傍線部「どうもその頃から次第に姿を消しはじめたらしい」とあるが、それはどうしてだと筆者は考えていますか。その説明として最も適当なものを次の中から一つ選び、記号で答えなさい。

1 既存の社会に反抗し、新しい社会を求めるのが「青年」だが、そうした反抗や闘争が無意味だと徐々にわかってきたから。

2　そもそも日本の社会は欧米の社会を規範としたものなのだが、欧米人自身が近代社会の価値を疑いはじめているから。

3　日本ではおとなになりたがらない青年が問題にされはじめ、「青年」という存在自体の価値が疑われはじめたから。

4　意識して見てみると欧米の近代社会も不十分なものだということがわかり、そうした社会に対応した人間になる意味も感じられなくなったから。

5　歴史を振り返ると、日本における「青年」像を示した人々も皆挫折しており、自分たちの理想像にはなり得ないことがわかったから。

□

6点

問四　空欄 **X** に入れるのに最も適当な語句を、本文中から五字で抜き出して記しなさい。

□□□□□

5点

問五　本文の内容に合致するものを次の中から一つ選び、記号で答えなさい。

1 自由や平等という近代的な価値が色々な地域で追求された時期があったが、欧米でも日本でも自由で平等な社会は実現されなかった。

2 おとなになろうとしない若者が日本で多いのは、そうした若者をモラトリアムだからと許してしまう日本の社会に原因がある。

3 現代の若者が悩まなくなったわけではないが、現実と自分の理想との間で悩むというような若者は減少した。

4 明治以降、日本は欧米並みの近代国家を目指し、国家の近代化は達成したが、社会の方は近代化に成功しなかった。

5 欧米社会の理想が無意味だとしても、真剣に何かに挑むことが格好の悪いことのように思われている日本の現状は変えていく必要がある。

7点

［出典：岸田秀「青年とは何か」／『二十世紀を精神分析する』（文藝春秋）所収］（オリジナル問題）

40点

5

評論

文章の構造　まとめ

『日本人の心はなぜ強かったのか』

齋藤《さいとう》孝《たかし》

少し長い文章だけど、文章の構造①～④で学習した4つの構造を意識しながら読解し、設問を解こう！

目標解答時間　25分

本冊（解答・解説）　p.98

次の文章を読んで、後の問いに答えなさい。

心の問題をどうするか――これが、現代の多くの人が抱える課題ではないだろうか。自分の存在がイコール心となり、精神や身体の柱を身のうちに感じにくい。天気のように移り変わる自分の心に振り回される。

これが、心の領域の肥大化だ。

これは、人類が昔から持っていた悩みではない。ア タイコの人類にとっては、食べる、眠る、温まるといった本能的な部分が最大の関心事だった。

しかし、人類は言葉を生み、文化をつくってきた。そして文化は、人類に「精神」と「身体（習慣）」、それに「心」の領域をもたらした。ここに人間を形成する三要素が確立され、従来の本能部分を隅に追いやったのである。現代において「本能のおもむくままに生きる人」がいたとしたら、社会的に大きな物議を醸《かも》すだろう。

ところが問題は、この三要素のうち、今や「精神」と「身体」も隅に追いやられていることにある。ここでいう「心」の領域とは、一般的に感情や気分を指す。「今日は楽しい」とか「つまらない」とか、「気が晴れない」とか「落ち込む」あるいは「つらい」「嫌だ」といった感覚は、だれもが持っているはずだ。

そういう感覚に日常が支配されると、鬱《うつ》気味になったり躁《そう》状態になったりする。いわば心を心が見つめる状態になり、精神の領域も身体の領域も失われるのである。これが①心の肥大化だ。イタンテキにいえば、感情や気分をイコール自分と捉えてしまうため、感情が落ち込むだけで自分の存在自体が落ち込むように錯覚してしまうのである。

だが、ほんの数十年前を振り返ってみていただきたい。高度経済成長の時代には、男は学校を卒業したら就職して働くもの、早朝に起き、満員電車もウ厭わず、四〇年にわたって一つの会社で勤め上げるものと相場が決まっていた。あるいは学校にしても、サボるという発想がなかった。「行く・行かない」の選択は思いもつかず、どんな気分でも行くものだと思っていた。これが習慣というものだ。

その習慣の力が大きかったため、気分とは関係なく、社会に合わせて自分も動いていた。実際、「三〇年間無遅刻無欠勤」などという人も少なからずいた。

あるいはかつて、千日回峰行《かいほうぎょう》を終えた修行僧の方が「熱を計ったことはありません。熱を計って、熱があっても休めるわけではないですから」（『千日回峰行』光永覚道著／春秋社刊）と述べていたことがある。体調が悪かろうが風邪をひこうが護摩供《ごまく》は行い、歩くものは歩くと決めてかかっているわけだ。これも強靭《きょうじん》な精神と習慣のなせる業といえるだろう。

　このように精神と習慣の大きい人は、日常的な自分の気分や感情に左右されない。つまり心の領域を減らしていることになる。とはいえ、これは他者理解の能力が低くなることを意味するわけではない。あくまでも自分の感情にどう対処するかという問題だ。他者の気持ちをエ慮るのはまったく別次元の話である。また「心」の領域の問題というよりも、むしろ理解力や知性といったものが必要になってくる。

　そして、それに比べ、②今では企業においてもちょっとした理由での欠勤や遅刻早退が多くなっている。場合によっては理由も明かさないまま長期欠勤し、そのまま挨拶もせずに退職してしまうこともあるという。私は教育実習生の指導を長年行っているが、最近は遅刻したり休んだりしてしまう教育実習生がちらほらいる。実習は相手校の事情が最優先であるにもかかわらず、実習生が自分の都合を優先させる思考をしてしまう傾向が強まっている。指導担当の教師と「そりが合わない」から心の調子が悪くなったので、病院に行って診断書をもらう、というケースもあった。「心の問題」にしてしまえばだれもオカンショウできない、という姿勢がみられる。

　身体的な習慣の領域が小さく、身についていないため、心の状態しだいで「なんとなく」休んでしまうわけだ。そういう人は、自己中心的になっているため、当然ながら他人の感情に対する理解力も乏しい。（中略）

以前の日本にはいわゆる「職人気質《かたぎ》」がふつうに存在した。そしてそれは、日本人の心をずいぶん安らげてきた。おかげで心を肥大化させずに済んだ人も多かったのだ。

職人気質の特徴は、まず必要以上に考えないことにある。モノ作りに対するこだわりや工夫はあるものの、考えすぎずに手を動かし、手で覚えていく。ワザを丁寧に教えられることはなく、親方の作業を見て盗むしかない。また、もし手を抜いた仕事をしようものなら、親方から怒鳴りつけられる。このプロセスでしだいに精神が養われ、いい加減な仕事はしない一方、虚栄心などを持つこともないのである。

例えば下駄職人が作る下駄は、高品質ながら芸術品ではない。ある水準以上であることを旨とし、それ以上は求めない。常に新しいものを作ろうとする芸術家とは違い、基本的に今までと同じものをずっと作り続けるわけだ。そこに誇りはあるが、それ以上の個人的な表現の野心はない。

つまり、③職人の仕事ぶりそのものに心の領域を狭める作用があるわけだ。何も考えず、ただ手作業を自動化し、今日も昨日と同じように、明日も今日と同じように働く。こういう日々が何十年も続いた後、ひっそりと死んでいく。一つの仕事に職人気質で徹する人生は、心の安定という意味では非常に幸せといえるだろう。（中略）

しかも着目すべきは、生まれながらにして職人気質を持つ人はまずいないということだ。多くの人は、ある職人的な仕事をすることによって、徐々にその気質をワザ化させていくのである。そこで涵養《かんよう》されるのは、職人的な手仕事という身体的な習慣と、必ず一定のクオリティのものをコンスタントに作り続けるという精

神だ。つまり、習慣と精神ががっちり結びついたところで、自分の人生が定まっていたのである。（中略）

職人気質は、高度経済成長時代の技術者にも当てはまるところがある。「自分は技術屋だから」と語りたがる人は多かった。この「技術屋」とは、まさに職人気質にほかならない。（中略）

技術屋であれ職人であれ、仕事である以上は何度も壁にぶつかって悩んできたはずだ。だがそれは、いわゆる心の悩みではない。その仕事を通して社会と関わり、自分のやるべきことも明確なため、まさに技術的に乗り越えればいいだけの話だ。こういう日々も、幸せな仕事人生といえるだろう。

ところが現代の仕事は、身体の習慣を必要としないものが増えている。特にパソコンに向かう仕事の場合、身体はさほど使わないし、会社も行く必要すらないかもしれない。あるいは私生活にしても、洗濯板を使う必要はないし、毎日どこかに通わなければならないということもない。

私たちは、身体を使う習慣を減らすことが楽につながると信じてきた。実際、その前提で便利さを追求してきた。だが結果として、「心の領域の肥大化を食い止める」というプラス部分まで減らしてしまった。身体を使わなくなった分、心にかかずらう時間が増えたということだろう。

問一　傍線部ア～オのカタカナは漢字に直し、漢字は読みをひらがなで記しなさい。

ア	イ	ウ	エ	オ

2点 ×5

問二　傍線部①「心の肥大化」の例として不適切なものを次の中から一つ選びなさい。

1　ころころ変わる感情を制御できない。
2　鬱《うつ》気味になったり躁《そう》状態になったりする。
3　感情や気分をイコール自分と捉えてしまう。
4　「つらい」「嫌だ」といった感覚を抱いている。

6点

問三　傍線部②「今では企業においてもちょっとした理由での欠勤や遅刻早退が多くなっている」とあるが、高度経済成長時代の日本人に欠勤や遅刻早退が少なかった理由は何か。最適なものを次の中から選びなさい。

1　高度経済成長時代の日本人は、大きな習慣の力によって生活していたから。
2　高度経済成長時代の日本人は、自分の気分や感情に左右されず、他者理解ができたから。
3　高度経済成長時代の日本人は、心の領域を減らして、理解力や知性を高く有していたから。
4　高度経済成長時代の日本人は、本能的に自分を社会に合わせて生きていたから。

6点

5

問四　傍線部③「職人の仕事ぶりそのものに心の領域を狭める作用がある」とはどういうことか。その説明として最適なものを次の中から選びなさい。

1　職人は、必要以上に考えず、常に新しい創造的なものを作り続けるという習慣の力を有することにより、心が安定する、ということ。

2　職人は、個人的表現の野心を持たず、高品質なものを作ろうとはせず、同じ日を繰り返すために心の問題が起こらない、ということ。

3　職人は、基本的に今までと同じものをずっと作り続けることで、精神や身体の働きが衰え、それによって心の問題が起こらない、ということ。

4　職人は、いい加減な仕事はしないという精神と、手仕事という習慣との結合によって、自分の感情に左右されない状態を作り出し、心が安定する、ということ。

6点

問五　問題文の内容に合致するものを、次の中から二つ選びなさい（ただし、解答の順序は問わない）。

1　文化の創造により、人間の本能的な部分は人間を形成する主たる要素ではなくなっていった。

2　千日回峰行を行った僧侶は、体調が悪く休みたいときでも休むことはあきらめてとにかく修行した、と述べた。

3 身体の習慣を減らしたことが心の肥大化をもたらしたのだから、自分の気分や感情に合わせて作業し心の領域を狭めることが大切だ。

4 精神的に不安定になり、心が心を見つめる状態になるのは、その人の心が弱いからである。

5 高度経済成長時代の技術者と、自己中心的な現代人とは、心だけではなく身体の状態も対照的だといえる。

6点×2

40点

〔出典：齋藤孝『日本人の心はなぜ強かったのか』（ＰＨＰ研究所）〕（神奈川大学出題　改）

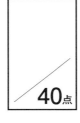

6 評論

語彙力を大切に『〈私〉時代のデモクラシー』

宇《う》野《の》重《しげ》規《き》

「社会問題」が「心理（学）化」するとはどういうことか、そしてそれを危ぶむ筆者の考えを理解しよう。

目標解答時間 25分

本冊（解答・解説）p.106

次の文章を読んで、後の問いに答えなさい。

現代（注）における「個人化」のもつ否定性を［ X ］した事件として、二〇〇八年六月に東京の秋葉原で起きた通り魔事件をあげることができるかもしれません。この事件は、自動車会社に派遣社員としてつとめていた二〇代の男性が、トラックで秋葉原の赤信号の交差点に突入、さらにはナイフで人々に襲いかかった事件でした。死者七名を含む多数の被害者をもたらしたこの事件は、日本社会に大きな衝撃を与えました。

しかしながら、この事件の与えた衝撃は、被害者の数の多さだけではありませんでした。問題はその動機であり、容疑者の語った「生活に疲れた。世の中がいやになった。人を殺すために秋葉原に来た。誰でもよかった」という言葉が波紋を呼んだのです。この言葉をどう受け止めるかによって、事件の理解はまったく異なってきます。容疑者の個人的な特性に由来する、きわめて特殊な出来事としても受け取れるこの事件は、同時にまさに「格差社会」がもたらした悲劇としても理解可能だったのです。

最初に報道されたのは、容疑者の個人的な背景でした。生まれた場所、育った家庭環境、進学をめぐる挫折、繰り返された転職、そしてネットへの極端な依存ぶりが日々報道されました。そのような報道には、親子関係のゆがみ、挫折をきっかけとする転落、ネット中毒症状など、事件をいささか(あ)紋切り型的に、個人的な事情によって説明しようという傾向が少なからず見られました。

しかしながら、これらの背景の一つひとつを取り上げてみれば、現代日本社会の至るところで見られるものばかりです。本人自身うまく理解できないままに「転落」し、現実の職場のみならずネット社会ですら「孤立」していく過程は、誰にとってもまったくの他人事とはいえないものでした。

[a]、この出来事はむしろ、社会的背景によって説明されるのでしょうか。たしかに、事件は、あらためて派遣労働者の不安定な生活ぶりを明らかにしました。現在、二〇代の若者の半分近くが、非正規労働に従事しています。行きすぎた非正規労働化が、彼ら、彼女らの生活をいかに過酷な状況へと追いやったか、事件が社会の再考を促したことは間違いありません。

[b]、容疑者の置かれた状況の過酷さは理解できるとしても、それと行った犯罪との間に、まったく関連が見えてこないのも事実でした。たとえば、不満をぶつけた対象です。容疑者は人員整理への不安にさいなまれ、職場の人間関係にも不満をもっていたとされます。ところが、彼の(ア)ヒョウテキになったのは、

6

当の派遣先ではありませんでした。「勝ち組はみんな死んでしまえ」という容疑者が選んだのは、自分にとってなじみがあり、むしろ自分と近い人々の集まる秋葉原だったのです。被害者たちは、いずれもたまたまそこにいた人々であり、その意味で、彼の「報復」の対象の選択は、まったく（い）恣意的でした。

［c］、事件を容疑者の個人的な病理によって説明するには、あまりにも彼のたどった人生の軌跡は生々しく、かといって格差社会のアンチ・ヒーローとするには、あまりにその行為は恣意的だったというわけです。おそらく容疑者自身、自らの不満の原因について見定めることができず、その不満をどこにぶつけていいのかもわからないままに、犯行に及んだのでしょう。不満の堆積とその行き場のなさばかりが印象づけられた事件でした。

［d］、この事件への対応のうち、原因をもっぱら容疑者の個人的な環境や異常心理に［Y］する見方は、典型的に「社会問題の心理（学）化」と呼ぶことができるものです。この社会問題の心理化については、すでに多くの議論がなされていますが、その背景にあるのは、現代社会に一般的に見られる心理学ブームです。（中略）ある意味で、心理学や精神医学の（擬似）知識や技法が社会にル（イ）フすることで、社会から個人の内面へと人々の関心が移りつつあるといえるでしょう。

　このような傾向については、多くの先進国に共通して見られる現象であり、単なる一過的なブームとは思えません。日本でも過去に何度か、擬似的なものも含め心理学の大流行が見られましたが、とくに一九九五年一月の阪神・淡路大震災では、ＰＴＳＤ（心的外傷後ストレス障害）が問題になりましたし、同年三月の地下鉄サリン事件を機に、事件にかかわった人々の心理について関心が高まりました。結果として九〇年代後半以後、ふたたび「心の時代」がいわれるようになり、心理学者がさまざまな事件や社会現象についてコメントを求められることも多くなりました。このような場合、(ウ)オウオウにして、もっぱら個人の心理へと関心が集中しがちです。九〇年代前半が冷戦終焉《しゅうえん》と政治改革の時代であり、新たな時代に向けての社会の変革に期待が高まった時代であったとすれば、九〇年代後半は社会変革への動きが停滞し、むしろ閉塞感が広まった時代でした。「心の時代」はそのような時代の潮流の変化とともに到来したのです。

このように、社会的現象を社会的背景からではなく、個人の性格や内面から理解しようとする傾向は現在では、広く一般的に見られるものですが、この傾向は少年犯罪などにおいてとくに(エ)ケンチョです。このことに対し、犯罪をもっぱら「心の問題」として提示してしまうことで、問題の社会性が隠蔽されてしまうことを警戒する論者も少なくありません。また、このような言説自体が一人歩きすることで、逆に「心の問題」や感情こそが重要であるという「現実」を構成してしまうことを危惧する研究者もいます。

関連して、「カウンセリング」や「セラピー」といった対処法がルフするのも、この社会問題の心理化と無縁ではないでしょう。社会的危機が個人的なものとして現れる以上、危機に対しては個人が対応するしか道はないというわけです。しかしながら、このことが行き過ぎれば、本来、社会的な問題として公共的に取り組まれてしかるべき事柄が、もっぱら個人の処理すべき課題として受容され、個人的な負担を強いるという結果をもたらしかねません。

注 現代における「個人化」のもつ否定性…現代においては、「個人」であることが、即〈弱い・無力〉なものとして否定されること。

問一 傍線部（ア）・（イ）・（ウ）・（エ）を漢字に改めた場合、同じ漢字を含むものを次の各群の選択肢の中からそれぞれ一つずつ選びなさい。

（ア） ヒョウテキ
1 ハクヒョウを踏む思い
2 ヒョウハクの旅に出る
3 偉人のヒョウデンを読む
4 ヒョウロウが尽きる
5 民主化をヒョウボウする

（イ） ルフ
1 相互フジョの精神
2 一族のケイフをたどる
3 フキンで食卓を拭く
4 鉄骨がフショクする
5 状況と証言がフゴウする

（ウ） オウオウ
1 医者がオウシンする
2 弟は食欲オウセイだ
3 チュウオウに位置する
4 公金のオウリョウ
5 青春をオウカする

（エ） ケンチョ
1 ケンケン囂囂《ごうごう》たる議論
2 王をケンショウした碑文
3 ケンロウな作りの要塞
4 故障車をケンインする
5 ケンシン的に看病する

（ア）
（イ）
（ウ）
（エ）

2点×4

問二 空欄 a ～ d に入る語として最も適当なものを次の選択肢の中からそれぞれ一つずつ選びなさい。なお、一つの語は一回しか用いないこと。

1 とはいえ　2 要するに　3 ところで　4 それでは

a	b	c	d

3点×4

問三 傍線部（あ）・（い）の意味として最も適当なものを次の各群の選択肢の中からそれぞれ一つずつ選びなさい。

（あ）紋切り型
1 多様な解釈を許さず視野が狭いこと
2 特定の考え方を押し付けていること
3 決まりきった様式で新味がないこと
4 複雑な事情を省略してまとめていること
5 一つの原因だけで事象を説明していること

（い）恣意的

1 本来の意図とかけ離れているようす
2 本人の気持ちが作用していないようす
3 行動と気持ちがうらはらであるようす
4 自分の意図を隠そうとしているようす
5 必然性のない思いついたままのようす

（あ）	（い）

3点×2

問四 空欄 X ・ Y に入る語として最も適当なものを次の各群の選択肢の中からそれぞれ一つずつ選びなさい。

X　1 抽象化　2 象徴　3 相対化　4 普遍　5 対象化

Y　1 連動　2 転嫁　3 呼応　4 還元　5 変形

X	Y

4点×2

問五 傍線部「社会問題の心理（学）化」を、筆者はどのようにとらえているか。その説明として最も適当なものを次の選択肢の中から一つ選びなさい。

1 心理学ブームを背景として生まれたもので、社会問題の心理化によって社会変革への動きが停滞し、閉塞感が我々の周りで広がることとなった。

2 心理学が一種のブームとなり、心理学や精神医学の正しい知識が多くの人に伝わるにつれ、人々の関心を社会から個人の内へと移し、心の時代と呼ばれる時代を招いた。

3 社会現象を個人の内面から理解しようとする日本独自の現象で、震災やサリン事件をきっかけにして始まった心の時代という、大きな潮流の中で生まれてきた。

4 災害や大きな事件をきっかけにして起こった心理学ブームが、心の時代を生み出し、そのブームが社会を構成する重要な要素である心の問題を広く人々に提示した。

5 閉塞感の広まりと同時期に、心理学の知識や技法の普及を背景として生まれた現象で、社会性をはらむ問題をも個人に内在する問題という側面からとらえようとしている。

6点

40点

〔出典：宇野重規『〈私〉時代のデモクラシー』（岩波書店）〕（獨協大学出題　改）

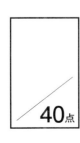

7

随筆

随筆を学ぼう

「普段着のファミリー」

阿久《あく》悠《ゆう》

目標解答時間　25分

本冊（解答・解説）p.112

筆者が一貫していっている「普段着」はダメだ、ということの意味を理解しよう。

次の文章を読んで、後の問いに答えなさい。

「普段着のファミリー」というと、素朴で正直で、飾りっけのない、好ましい家族のように受けとめられるかもしれないが、実は違う。ぼくがここで、表題にしてまで書こうとしている「普段着のファミリー」とは、社会に対しての適応性や、他人に対する最低限必要な緊張感や、時と場所を全く心得ない家族のことである。

もちろん、①余所《よそ》行きと普段着という区別での、着衣の普段着のことも含まれている。そもそもは、ある時ふと、伊豆から東京への移動の途中で見かける人々のことを、いつから日本人は普段着で旅行するようになったのだろうと、疑問に思ったことから発している。

思い出してみてほしい。かつては、家と社会という意識が厳然としてあって、家から一歩出るとそこはもう社会であると思っていた。家の中では相当にダレた姿をしていても、煙草を買いに出掛けるだけで社会用に、ジャケットの一枚も羽織ったものである。ぼくの父は必ず中折れ帽をかぶった。

家からほんの数十メートル、同じ町内でもそうであったから、他町村へ出掛けたり、ましてや東京へ出るとなると晴れ着に近い物を選んで、最大の誠意を示し、同時に社会という他者の坩堝《るつぼ》の中で緊張をもって過《す》せるように、覚悟を決めたものである。

それは実に面倒なことであったが、これがよかった。社会には自分で押し通せないことがいっぱいあり、時には他者に自分を合わせることも必要だと、教えられたからである。また、人間というのは個々大した存在ではないけれど、社会を尊重し、味方に引き入れることで、②つまり着更《きが》える毎《ごと》に大きく見せることが出来るのだともわかった。それを今、多くのファミリーは得々として放棄しているのである。

普段着の過信は、たぶん、マイカーを持つようになってからのことだと思う。人々は普段着で移動するようになった。自分の家の門前から、サンダル履《ば》きのまま東京都心へ直入出来る。楽で、便利であろうが、不作法さのまま家族が移動し、不作法さのまま他人の社会を踏むかと思うと、実に空恐ろしい感じがするのである。ファミリーはしっかりと不作法の同志となり、自由を満喫する。満喫する方はいいだろうが、される方はたまったものではない。

ここでいう「自由」とは、他人の自由を奪う自由という意味で、戦後日本人が実践した自由とはこれだけである。他人の自由を奪う自由、これが③普段着の精神性に取りついて、**X**の自由として蹂躙《じゅうりん》するのである。

たかが余所行きと普段着、着る物の選択で何ほどのことがあろうかと思われるかもしれないが、メリハリのつかない生活感が、メリハリのつかない社会観や人生観に繋《つな》がるのである。「個人」と「家族」と「社会」というたった三つの顔が出来ない人たちに、秩序や節度を期待することは無理であろう。個の過信が社会を崩す。そのメリハリを、どこで失い、どこで放棄し、どこで平気になってしまったのであろうか。

ファッションや行動に自由が持ち込まれて喝采を博したのは、ついこの前のことである。ぼくもその時は、大いに手を打ち鳴らした。しかし、この自由を使いこなすには、相当に練《ね》り上げられた社会人としての教養、場を心得ることの出来る品性と、それぞれが内面に抱いたタブーが必要であった。それを考えないで使い放題の自由は、伝統も国情も個性もすべて打ち砕き、何でもありの、何でもなしにしてしまったのである。

ぼくがまだ若かった頃、東京という都市は④大いなる踏み絵を強いる社会であった。長く東京生活をした後でも、しばらく離れ、また東京へ踏み込む時には、緊張を感じた。ここで生きられるだろうか、ここで認められるだろうかと何度も思った。東京とは、とても常態では勝負出来ない社会であったからである。だから、ぼくは、九州の実家から東京へ帰って来る時、小田原を過ぎたあたりから、ピシャピシャと頬を叩《たた》いて東京の顔をつくり、社会に立ち向かう覚悟を決めたものである。

これがもし、マイカーであったなら、そして、まるまるの普段着であったならどうであろうか。そんなことをする必要もなく、悠々と東京へ入る。その代わり、社会を意識してみる機会を失ったに違いないのである。

普段着のファミリーは、なぜ普段着で他人だらけの社会の中へ入って行くことが出来るのであろうか。⑤個の顔で社会に立ち向かうのであれば、その度胸と勇気に感心してみせようが、社会の大きさを個のレベルに縮小し、恐れを知らず、行儀を知らず、［X］になるのであれば、教育としては最悪である。社会の大きさと、手強《てごわ》さと、人生には不可能の方が多いことを教えるのが教育で、それには普段着では役目を果たさないと知るべきなのである。

問一　傍線部①「余所行き」とあるが、「余所行き」の格好をすることに筆者はどのような意味があると考えているか。その説明として、最も適切なものを次の中から一つ選びなさい。

1　父親のような服装をすることにより、家の中では感じることのできなかったおしゃれをすることができ、それによって精神を高揚させることができるという意味。

2　余所行きの格好をしながら他町村へ出掛けると、余所者に対しても緊張をもって迎えてくれ、また大人を尊重する視点を気軽にもつことができるという意味。

3　余所行きの服装は、家で着る普段着では味わえない社会の意識や緊張感を与えたり、また他人との距離を作り出してくれたりするという意味。

4　余所行きの身なりをすることにより、家と社会との区別の意識をもつことができ、さらに他者の中で緊張感をもち社会の中での生き方を知るという意味。

7点

問二　傍線部②「つまり着更える毎に大きく見せることが出来るのだ」とあるが、これはどういうことか。最も適切なものを次の中から選びなさい。

1　人間というのは、小さな存在であるからこそ自分を大きく見せられるよう外見を重視するべきだということ。

2　人間というのは、成長する度にいい服を着こなすことができ世間に認められるようになるということ。

3　人間というのは、他者にひけをとらない身だしなみができてはじめて一人前と思われるようになるということ。

4　人間というのは、社会性を身につけるにつれ人間としての重みが増し、それが他人にも伝わるということ。

問三　傍線部③「普段着の精神性」とあるが、これはどういうことか。適切ではないものを次の中から一つ選びなさい。

1　家族がマイカーで移動し、他人に迷惑をかけても平然とした態度でいること。
2　不作法なまま緊張感なく家族が行動し、人混みの街へと外出できてしまうこと。
3　家と社会の違いを意識しつつも、世間体を充分気にしているとは認め難いこと。
4　人目をはばからず、勝手気ままに振る舞って家族の自由を満喫しようとすること。

7点

問四　空欄 X （二か所ある）に入るものとして、最も適切なものを次の中から選びなさい。

1　快刀乱麻　　2　傍若無人
3　猪突猛進《ちょとつもうしん》　　4　支離滅裂

7点　　4点

問五　傍線部④「大いなる踏み絵を強いる社会」とはどういう社会か。最も適切なものを次の中から選びなさい。

1　余所行きの服を着こなして、他人の自由を自分が奪えるかどうかが試される社会。
2　余所者が、本当に好きで東京にやってきたのかが問われる社会。
3　余所者に冷たい都市に耐えられるかが試される社会。
4　自分の生き方が正しいのかどうかが試される社会。

7点

問六　傍線部⑤「個の顔で社会に立ち向かうのであれば、その度胸と勇気に感心してみせよう」の説明として、最も適切なものを次の中から選びなさい。

1　不遜だが、個という意識をもち社会と対峙《たいじ》するというのなら、その精神を讃《たた》えてもよい、ということ。
2　普段着のままでしか社会へ入っていくしかないというなら、それはそれで認めてやらなければならない、ということ。
3　「家族」と「社会」の顔の違いをわきまえた上で社会に挑戦するというのなら、納得もしよう、ということ。

4 個人の顔と社会の顔を対等に位置づけることは、明確な自己主張といえるだろう、ということ。

8点

40点

［出典：阿久悠「普段着のファミリー」／『文藝春秋』２００３年12月臨時増刊号所収］（近畿大学出題　改）

8 小説

小説を学ぼう

『黒猫』　島木健作《しまきけんさく》

目標解答時間　25分

本冊（解答・解説）p.118

病気の「私」が黒猫に対して抱く感情を読みとろう。

次の文章を読んで、後の問いに答えなさい。

郷里の町の人が上京のついでに塩鮭《しおざけ》を持って来てくれた日の夜であった。久しぶりに塩引《しおびき》(注1)を焼くにおいが台所にこもった。真夜中に私は下の騒々しい物音に眼をさました。母も妻も起きて台所にいる声がする。間もなく妻が上がって来た。

「何だ？」

「猫なんです。台所に押し込んで……」

「だって戸締りはしっかりしてあるんだろう？」

「縁の下から、上げ板(注2)を押し上げて入ったんです。」

「何か取られたかい？」

「ええ、何も取られなかったけれど。ちょうどおばあさんが起きた時だったので。」

「猫はどいつだい？」

「それがわからないの。あの虎猫じゃないかと思うんだけれど。」

うろついている猫は多かったからどれともきめることはできなかった。しかし黒猫に嫌疑をかけるものは誰もなかった。

次の晩も同じような騒ぎがあった。

それで母と妻とは上げ板の上にかなり大きな漬物石を上げておくことにした。ところが猫はその晩、その漬物石さえもおそらくは頭で突き上げて侵入したのである。母が飛んでいった時には、すでに彼の姿はなかった。

私は「深夜の怪盗」などと名づけて面白がっていた。しかし母と妻とはそれどころではなかった。何よりも甚しい睡眠の妨害だった。

そこで最初に、犯人の疑いを、あの黒猫にかけはじめたのは母であった。あれ程大きな石を突き上げて侵入してくるほどのものは容易ならぬ力の持主《もちぬし》である。それはあの黒猫以外ではない、と母は確信を持っているのである。

それはたしかに理に合った主張だった。しかし当の黒猫を見る時、私は半信半疑だった。毎晩そんなことがあるその間に、昼には黒猫はいつもと少しも変わらぬ姿を家の周囲に見せているのである。どこからどこまで彼には少しも変わったところがなかった。夜の犯人が彼だとしては、彼はあまりにも平気すぎた、あまりにも悠々としすぎていた。私は①<u>ある底意をこめた眼</u>でじーっと真正面から見てやったが、彼は［ a ］。

しかし母は譲らなかった。

ある晩、台所に大きな物音がした。妻は驚いて飛び起きて駆け下りて行った。いつもよりははげしい物音に私も思わず聴耳《ききみみ》を立てた。音ははじめ台所でし、それからとなりの風呂場に移った。物の落ちる音、顛倒《てんとう》する音のなかに母と妻の叫ぶ声がしていた。

やがて音は鎮まった。

「もうだいじょうぶ。あとはわたしがするからあんたはもう寝なさい。」

「大丈夫ですか?」

「だいじょうぶとも。いくらこいつでもこの縄はどうもできやしまい。今晩はまアこうしておこう……やれやれとんだ人騒がせだ。」

母の笑う声がきこえた。

妻が心もち青ざめた顔をして上がって来た。

「とうとうつかまえましたよ。」

「そうか、どいつだった?」

「やっぱり、あの黒猫なんです。」

「へえ、そうか……」

「おばあさんが風呂場に押し込んで、棒で叩《たた》きつけて、ひるむところを取っておさえたんです。大へんでしたよ……あばれて……えらい力なんですもの。」

「そうだろう、あいつなら。……しかしそうかなあ、やっぱしあいつだったかなあ……」

猫は風呂場に縛りつけられているという。母は自分でいいようにするからといっているという。若い者には手をつけさせたがらないのだが、そうでなくても妻などは恐がってしまっている。秋の夜はもうかなり冷えるころであった。妻は寒そうにまた寝床にはいった。

私はすぐには眠れなかった。やはりあいつであったということが私を眠らせなかった。そう意外だったという気もしなかったし、裏切られたという気もしなかった。何だか痛快なような笑いのこみあげてくるような気持《きもち》だった。それは彼の大胆不敵さに対する歎称《たんしょう》であったかも知れない。そういえばあいつははじめから終《おわ》りまで鳴き声ひとつ立てなかったじゃないか。私は今はじめてそのことに気づいた。すぐ下の風呂場にかたくいましめられている彼を想像した。母はもう寝に行ってしまっている。風呂場からは声もカタリとの物音もしなかった。逃げたのではないかと思われるほどであった。

翌朝母は風呂場から引きずり出して裏の立木《たちき》に縛りつけた。

「お母さんはどうするつもりなんだ?」

「無論殺すつもりでしょう。若いものは見るものでないといって、わたしを寄せつけないようになさるんです。」

私は母に黒猫の命乞いをしてみようかと思った。私は彼はそれに値する奴《やつ》だと思った。私は彼のへつらわぬ孤傲《ここう》(注3)に惹《ひ》かれている。夜あれだけのことをして、昼間は毛筋ほどもその素ぶりを見せぬ、こっちの視線にみじんもたじろがぬ、図々しいという以上の胆《きも》の太さだけでも命乞いをされる資格がある奴だと思った。人間ならば当然一国一城のあるじである奴だ。それが野良猫になっているのは運命のいたずらだ。毛の色がきたないという偶然が彼の運命を支配したので、そんなことは彼の知ったことではない。卑しい諂《へつら》い虫の仲間が温かい寝床と食うものを与えられて、彼のような奴が棄《す》てられたということは②人間の不名誉でさえある。しかも彼は落ちぶれても決して卑屈にならない。コソコソと台所をうかがったりしない。堂々と夜襲を敢行して、力の限り闘って捕えられるやもはやじたばたせず、 b 。

しかし③私は母に向かって言い出せなかった。現実の生活のなかでは私のそんな考えなどは、病人の贅《ぜい》沢《たく》にすぎなかった。私はこの春にも母とちょっとした衝突をしたことがあった。私の借家の庭には、柏《かしわ》やもみじや桜や芭蕉《ばしょう》や、そんな数本の立木がある。春から青葉の候にかけて、それらの立木の姿は美しく、私はそれらが見える所へまで病床を移して楽しんでいた。それをある時母がそれらの立木の枝々を、惜しげもなく見るもむざんなまでに刈り払い、ある木のごときは、ほとんど丸坊主にされてしまったのだ。私は怒った。そしてすぐに心であやまった。母とても立木を愛さぬのではない。樹木の美を解さぬのではない。ただ母は自分が作っている菜園に陽光を恵まなければならないのだ。母はまがった腰に鍬《くわ》を取り、肥《こえ》をかついで、狭い庭の隅々までも耕して畑にしていた。病人の息子に新鮮な野菜を与えたいだけの一心だった。

食物を狙う猫と人間の関係も、愛嬌《あいきょう》のない争いに転化して来ていることを残念ながら認めないわけにはいかなかった。何か取られても昔のように、笑ってすましていることができにくくなって来ていた。妨害される夜の睡眠時間の三十分にしても、彼女らにとっては昔の三十分ではなかった。病人の私が黒猫の野良猫ぶりが気に入ったからなどと、持ち出せる余地はないのである。……それに一度こうこらしめられればあいつも懲りるだろう、という私の考えなども考えてみればあまいと言わなければならなかった。あいつは無論そんな［ C ］。

午後、私はきまりの安静時間を取り、眠るともなしに少し眠った。妻は配給物（注4）を取りに行って手間取って帰って来た。私は覚めるとすぐにまた猫のことを思った。母は天気のいい日の例で今日もやはり一日庭に出て土いじりしているらしかった。私は耳をすましたが、裏には依然それらしい音は何もしなかった。妻は二階へ上がってくるとすぐに言った。

「おっ母《か》さん、もう始末をなすったんですね。今帰って来て、芭蕉の下をひょいと見たら、筵《むしろ》でくるんであって、（略）……」

妻は見るべからざるものを見たというような顔をしていた。

母はどんな手段を取ったものだろう。老人の感情は時として無感動で無感情

8

である。母は老人らしい平気さで処理したものであろう。それにしても彼はその最後の時においてさえ、ぎゃーッとも叫ばなかったのだろうか？　いずれにしても私が眠り、妻が使いに出て留守であったのは幸いであった。母がわざわざその時間をえらんだのだったかも知れないが。

日暮れ方、母はちょっと家にいなかった。そしてその時は芭蕉の下の筵の包みもなくなっていた。次の日から私はまた今までのように毎日(注5)十五分か二十分あて日あたりのいい庭に出た。黒猫はいなくなって、卑屈な奴らだけがのそのそ這《は》いまわっていた。それはいつになったらなおるかわからぬ私の病気のように退屈で愚劣だった。私は今まで以上に彼らを憎みはじめたのである。

注

1　塩引…塩鮭。

2　上げ板…床下を物入れなどに使うため、自由に取り外せるようにした床板。

3　孤傲…超然として傲慢《ごうまん》なこと。

4　配給物…戦時中、一般の人に一定量ずつ支給または販売された物資。

5　十五分か二十分あて…十五分か二十分ずつ。

問一　空欄 [a] ～ [c] に入れるのに最も適当な語句を次の中からそれぞれ選びなさい。

1　音《ね》もあげぬのである

2　神妙な奴ではないだろう

3 知らぬが仏といった具合なのだ
4 所詮は下賤《げせん》な生き物なのかもしれぬ
5 どこ吹く風といったふうであった

a	b	c

3点×3

問二 傍線部①「ある底意をこめた眼」とはどのような眼か。次の中から最も適切なものを一つ選びなさい。

1 どうぞお前が犯人ではありませんようにという祈りを込めた眼
2 本当にお前はいつ見ても堂々としているねという称賛を込めた眼
3 たとえお前が犯人であっても私は許すよという優しさを込めた眼
4 ひょっとしたら犯人はお前ではないのかという疑念を込めた眼
5 お前のせいで家中騒ぎになってるじゃないかという怒りを込めた眼

8点

問三　傍線部②「人間の不名誉」とあるが、なぜ「不名誉」なのか。次の中から最も適切なものを一つ選びなさい。

1　黒猫の運命が勝手に変えられてしまうから。
2　黒猫の生死は人間が握っているから。
3　黒猫の真の価値がわからないことになるから。
4　黒猫による迷惑が黙認されてしまうから。
5　黒猫だけが特別扱いされることになるから。

8点

問四　傍線部③「私は母に向かって言い出せなかった」とあるが、何が言い出せなかったのか、本文中より六字で抜き出しなさい。

7点

問五　次の中から本文の内容と合致するものを一つ選びなさい。

1　母は病弱な私の代わりに家を守っていかなければならないと思うゆえに、心を鬼にして黒猫を処分した。

2 妻は姑《しゅうとめ》である母に対して何も言えないため、猫を殺すのを母にやめるよう、私にそれとなく働きかけている。

3 黒猫が死に、他の猫を私が憎らしいと思いはじめたのは、病気の自分への嫌悪感を重ねて彼らを見ているからである。

4 私は人々の心がすさんでいる今の世の中と違って、猫と人間との関係が大らかであった昔を恋しく思っている。

5 母は時に私が外へ出るのをやめさせようとして私を怒らせるが、その母の行動は私の病気を気遣ってのことである。

8点

40点

［出典：島木健作『黒猫』／『島木健作全集　第十一巻』（国書刊行会）所収］（清泉女子大学出題　改）

9 評論

チャレンジ問題①『レトリックと認識』

野内良三《のうちりょうぞう》

少し長くて、むずかしい部分もある文章と記述問題に挑戦し、次のステップに進みましょう！

目標解答時間 25分

本冊（解答・解説）p.126

次の文章を読んで、後の問いに答えなさい。

私たちの日常の発話は手垢《てあか》にまみれた「慣用表現」からなっている。私たちは他人がすでに使った言葉を引用しながら、自分のおもいを表現する。ほとんどの場合はそれで十分に用は足りる。コミュニケーションにトラブルが生じたとき、あるいはコミュニケーションをより豊かに高めようとするとき、①引用に工夫を凝らす。これが恐らくレトリックの始まりだろう。

ところで、言葉というものは意外に融通無碍《ゆうずうむげ》なものである。ふだん結びつかないものでも強引に並べてみると何となくそれらしい意味を帯びてくる。「冷たさ」と「情熱」は常識的には矛盾する観念である。しかし「冷たい情熱」という言い方はある条件下では立派に通用するはずだ。小柄でも立派な活躍をした野球選手や力士について「小さな大投手」とか「小さな大力士」とか呼ぶことは実際におこなわれた。このような「誤用」を逆手にとったア チョウハツ的な言葉の使用を古典レトリックでは「撞着《どうちゃく》語法」（字句の単位）あるいは「逆説法」（文の単位）と呼んだ。

成句や諺《ことわざ》にもこの種の表現は実に多い。思いつくままに挙げてみれば、「慇懃《いんぎん》無礼」「有難《ありがた》迷惑」「公然の秘密」「 a 」「 b 」「逃げるが勝ち」「損して得取れ」など。見られるとおり矛盾する観念の結合や常識を逆なでする提案の数々である。

この例からも知られるように言葉の意味はおどろくほど伸縮自在で可塑性がある。もし言葉の意味が固定的であれば言葉の工夫を受けつけるはずがない。意味が流動的であり、伸縮可能であるからこそレトリックの出番もあるというものだ。言葉の「意味」の境界はファジーであり、おどろくほど弾力的である。「意味」は「星雲」、あるいは「氷山」にたとえることができるだろう。その境界のファジーさは、中心らしきもの（中心的意味）はあるが周縁にいくにつれて輪郭（含意的意味）がぼやけてしまう「星雲」を思わせる。その豊かな可能性については、姿を見せているのはほんの一部分（表層的意味）で実は水面下にその体積の大部分（深層的意味）が隠されている「氷山」を思わせる。意味世界はそうしたあまたの「星雲」や「氷山」の集合だとイメージできるのではあるまいか。もちろん比喩的表現の限界を承知の上で言うのだが。

「引用」の工夫、つまりレトリックとは「周縁的／深層的」意味の活性化の方法にほかならない。佐藤信夫のキーワードを借りれば「意味の弾性」――これこそがレトリックの拠《よ》って立つイ キバンである。

こうした言葉に対するしなやかなスタンスは「思考の弾性」、自由な発想とも連動している。分かりやすい例を考えてみよう。たとえば現在われわれがごく普通に使っている「時は金なり」（Time is money.）という格言。この格言はベンジャミン・フランクリンのものと一般に信じられているが、その出典の詮索はともかく、②産業革命以降の功利主義的考え方を見事に要約している。この格言はいわゆるメタファー(注)で、時間をお金にたとえた表現である。これは単に時間とお金を比較しているにすぎないのだろうか。いや、そうではあるまい。時間に対する発話者の認識（姿勢）をも表明している。今でこそこの格言の新しさは気づかれにくくなっているが、当初はウショウゲキ的だったはずだ。

最初にこのメタファー表現を思いついた人の立場に身を置いてみよう。「時」（時間）と「金」（貨幣）という観念は確かにそれまでも存在していた。しかし誰もこの二つの観念を結びつけて考える人はいなかった。「時」と「金」はお互いに無関係にこの世に存在していた。つまりこの二つの観念の間には「類似性」は認められていなかったということだ。しかしある時まったく異質なこの二つの観念の間に「類似性」を感じとる人間がでてきた。もちろんそれは直接的な類似性ではない。直接的な類似性が問題になっているのならとっくの昔に誰からも気づかれていたはずだから。問題の類似性は言ってみれば「間接的な」類似性である。

時間は貴重なものではないのか。もしそうだとすれば時間は「貴重なもの」という点においてお金と似ているのではないか。もちろんこの推理は意識的になされたとは限らない。漠然としていたものが、ある日とつぜん「時間はお金ではないのか」という形で意識化されたのかもしれない。そのプロセスはどうであれ、それは今まで誰もが思いつかなかった関係の設定だ。それは新しい「類似性」の発見と言うべきだろう。要するに時間とお金の間にそれまで想定されていなかった「関係」が結ばれたということである。

投げられた小石が大きな波紋を水面に描くように推理が広がってゆく。お金という観念の周りにはさまざまなイメージが揺曳《ようえい》している。それらのなかのいくつかのイメージが時間に投影（写像）される。いわばお金という「解読格子」を通して時間がエカイシャクされることになる。その結果でてきた時間観念はそれまでとは違ったものとならざるをえない。

とうぜん「時は金か」という反論があったはずだ。あくせくと働くことではなくて、のんびりと時間を過ごすことこそが幸福の極みだとする文化圏の人たちにとってそこに示された時間観はオショウフクしがたいものだったろう。それは異質な時間認識である。時間は「貴重なもの」であり、無為に過ごされるべきではない。それはまたお金のように計量可能なもので、時給、日給、週給、月給というような形で支払われて然るべきものなのだ。「時は金なり」というメタファーは時間認識の変革でもあったのである。

現代レトリックはこうしたレトリックの認識論的側面に注目する。この意味ではレトリックは表現の手段にとどまらず認識の手段でもある。それも強力な手段である。それは理性的な認識というよりはむしろイマジネーションによる認識だ。レトリックはイメージに関わる営みであり、しなやかな感性が求められる。

レトリックは世界をどう「表現する」かに関わるだけでなく、世界をどう「読む」かに関わる営みである。

古典レトリックは話し手＝書き手の立場が優先していた。いかにうまく話すか、いかにうまく書くか、それが中心的な関心だった。無論それも大事な問題であるが、聞き手＝読み手の視点もそれに劣らず大切だ。現代レトリックは「世界／テキストを読む」認識者の立場を強調する。想像力を羽ばたかせると、この世界の事物間には思いもかけなかったような関係が結ばれることになる。それは新しい物の見方に通じる。

注 メタファー…比喩表現の一つで、あるものをよく似ている別の観念や関係に結びつけて表現する方法。

問一　傍線部ア～オのカタカナを漢字に直しなさい。

ア	イ	ウ	エ	オ

2点×5

問二　空欄 a ・ b には、次の意味にあたる成句が入る。それぞれにあたる成句を答えなさい。

a…危険な近道をするよりも、遠回りでも安全な道を行く方が得策である。

b…一時的には負けているようでも、全体を通してみれば負けとはならない。

a	b

3点×2

問三　傍線部①「引用に工夫を凝らす」とあるが、これはどのようなことか。最も適当なものを、次の1～5の中から一つ選びなさい。

1　他人の考えや事例を自分の文章でひきあいに出す。
2　故事・成句などの出典を明らかにして自分の文章で使う。
3　ある人の言ったことを脚色して他の人に伝える。
4　すでによく使われている言葉を弾力的に使う。
5　ある人の文章を自分の好みに合わせて使う。

6点

問四　傍線部②「産業革命以降の功利主義的考え方」とは、時間を例にとれば、どのような考え方を言うのか。本文中の語句を用いて三十字以内で答えなさい（句読点、符号を含む）。

8点

問五　本文の趣旨に合致しないものを、次の1～5の中から二つ選びなさい（ただし、解答の順序は問わない）。

1　「時は金なり」の格言の時間認識は、産業革命以降の功利主義的考え方からは理解しがたいものであった。

2　矛盾する観念を結びつけた表現は、古典レトリックとしての成句や諺にも多くみられる。

3　古典レトリックが理性的な認識であったのに対して、現代レトリックはむしろイマジネーションによる認識である。

4　レトリックは世界をどう「表現する」かだけでなく、世界をどう「読む」かにも関わっている。

5　「時は金なり」の格言は、それまで無関係であったものの間に類似性を見出し、新たな時間認識を提示した。

5点×2

40点

〔出典：野内良三『レトリックと認識』（日本放送出版協会）〕（実践女子大学出題　改）

10

評論

チャレンジ問題②

『読書と社会科学』

内田《うちだ》義彦《よしひこ》

目標解答時間　25分

本冊(解答・解説) p.136

GMARCHレベルにチャレンジ！

次の文章を読んで、後の問いに答えなさい。

学問は、人間の知恵の輝かしい分身です。そして経験科学は、学問のそのまた分身・輝かしいa末子です。それは、もともと人間の知恵の一部として、知恵によって生まれ、知恵でア育まれて知恵そのものをいっそう豊かにしながら生長し、それを生み育てた人類の知恵に――人間という存在そのものに――万人欽仰《きんぎょう》の光彩をそえるはずのものでした。はずでしたし、じっさいにもまた、そういう面が文明の底流にあったことも事実でありまして、少し前までは、そういった側面だけが一面的に意識され強調されて、現状謳歌《おうか》の声ともなり、また歴史をみる眼にも反映して、科学の進歩を軸とする楽天的な文明発展史観を作り上げていた、といえましょう。

もちろん、その間にも人間について、社会について、歴史について鋭く深い反省がありましたけれども、その「反省」の基礎には、安易な科学信仰と、これに結びついたこれまた安易な人間賛歌が、反省らしい反省もなく、すえられるのが常でした。少なくとも主流はそうです。被創造物の一部・その b 末子でありながら特別の使命をうけた唯一の創造主体、おしなべての被創造物の自然で当然の支配＝管理者たる人間という誇らかな意識と自負の念。これは、「文明の輝かしい c 末子であって諸文明を支配・管理し文明を完成するもの」としての近代ヨーロッパ文明という、ヨーロッパ人のそれと ① 相呼応し相互増幅をとげたもののように思われますけれども、そうした、近代ヨーロッパ人の誇らかな意識と自負の念を根にもった「自然支配」の思想は、そのまま自然の合目的的で有効な「管理」の思想として、さらには、そういう自然の合理的管理の術を身につけた理性的人間による「人間の管理と支配」の思想として、ヨーロッパを超えて、歴史意識の、いや、およそ人間的自覚が行われる場合の イ フヘン的なものとして流布され受容されていました。（中略）

しかし、いま、われわれの眼を打つのは、まったく逆の局面です。

学問、なかでも科学は、じっさいの歴史の上では、とくに、それが発展らしい、ウ ケンチョな発展をとげた近代ヨーロッパの歴史に即していえば、生みの親たる人間の知恵とひたすらに手を切る形で確立し発展してきました。手を切るだけではなく、むしろ、それを正面から無視することを科学論によって裏づけされた学者当然の行為としてきましたし、また、結果としても、豊かなはずの人間の知恵そのものをむしばみ、エ 損なうかたちで発展をとげてきました。

10

「科学の方法」は「経験による方法」ともっぱら対立的にとらえられます。当該の科学特有の、それぞれの立場・目的に応じてそれぞれに定義づけられた専門学術語の統一的な使用は、経験科学に特有でその有効性を保証するものでありますけれども、その専門語が、お互いの専門外の素人が日常用いる言葉（日常語）と完全に縁を切り、それが学問の世界に入りこむことを意識的に断ち切るかたちで、――あたかもそれだけで、そしてそれによってのみ、〝事物そのもの〟の学問的に正確な考察と把握＝統御が最終的に保証されるかのように――[オ]ハイタ的に採用されます。しばしば無批判的、無自覚的に。習慣として。（中略）

いま問われているのは人間の知恵です。そして、いま求められているのは、人間の知恵を真に知恵たらしめるに足る有効な学問の創造です。なかでも、人類の経験すべてを汲《く》みあげ目的に向かって動員しうる知恵才覚と技術を――天才者だけにではなく、われわれ、並みの人間にも努力するかぎり修得可能な形で――与えてくれる②真の経験科学の創造をと、経験科学に携わる一人としては、つけ加えましょう。誇らかな自負の念からではなく、責任として。

科学者集団の誇らかな自負の念からすれば、経験科学は現に、[X]発展をとげているかのように見えますが、科学者がいま負うべき課題と責任から見れば、人類が、いま、さまざまな局面において当面している個別的、具体的な事態を有効に捕捉し解決しうる科学としては、ようやくこれから一歩を歩みつつあるその段階にあるにすぎません。

問一 **傍線部ア～オ**のカタカナは漢字に直し、漢字は読みをひらがなで記しなさい。

ア	イ	ウ	エ	オ

2点×5

問二 **傍線部a～c**の「末子」が指しているものを、次の1～6の中からそれぞれ一つずつ選びなさい。

1 学問
2 人間
3 経験科学
4 文明発展史観
5 安易な科学信仰
6 近代ヨーロッパ文明

a	b	c

3点×3

問三　傍線部①「相呼応し相互増幅をとげた」とあるが、どういうことを述べているか。その説明として最も適当なものを、次の1～4の中から一つ選びなさい。

1　人間の輝かしい知恵の結果としての科学の進歩と、それによる自然の合理的管理術を身につけた理性的人間の思想が有機的に結合し、人間も被創造物の一部であることを自覚しつつ、自然と共生する姿勢を模索した。

2　被創造物でありながら自然の支配者であるという人間の意識と、諸文明を支配管理するのが当然というヨーロッパ人の自負が相乗的に融合した結果、人間による自然支配を肯定し、科学の進歩を信じる、楽天的な態度を存続させた。

3　人間の知恵と経験によって形成された社会や歴史に対する鋭く深い反省と、文明を管理し発展させるべきだという歴史意識が有効に作用して、人間や社会に対し、豊かな知恵に基づいた鋭く深い考察が行われた。

4　科学の発達は人間存在そのものに光彩をそえるはずだという人間への信頼と、ヨーロッパ人は特別の使命を与えられた存在であるという自覚が膨張し、学術語を用いた閉鎖的な科学を形成し、自然や人間への共感を失った。

8点

問四　空欄 X に入れるのに最も適当な語句を、次の1〜4の中から一つ選びなさい。

1　互いの専門の境界線を無化しうるほど
2　素人の知恵と経験を見下しうるほど
3　神による創造を超える創造をなしうるほど
4　真の人間的知恵をもたらしうるほど

5点

10

問五　傍線部②「真の経験科学」とはどのようなものか。その説明として最も適当なものを、次の1～4の中から一つ選びなさい。

1　人間の知恵をより精密に磨きあげながら、総合的に人類の発展に寄与する学問。
2　これまで達成した科学の成果を用いて、さらに将来への目的に向かって発展する学問。
3　専門語による科学的成果を日常言語で統御し、誰でも新たな分野を開拓できる学問。
4　一般の人間でも、科学者が蓄積した知恵や技術を学ぶことで、容易に受容できる学問。

8点

〔出典：内田義彦『読書と社会科学』（岩波書店）〕（明治大学出題　改）

40点

大学入試

全レベル問題集
現代文

河合塾講師 梅澤眞由起 著

1 基礎レベル

はじめに

日本の教育が大きく変わろうとしています。グローバル化に対応して、自分の意見をはっきりと主張し、なおかつみんなと協力していける人間が求められています。学校でも積極的な発言が求められ、そういう人間を評価するように学校現場が変わってきています。つまり外部に自分をアピールできる人間が評価されるのです。

でも自己アピールが評価されるならば、誰もがそういうキャラを作ろうとするでしょう。そして若い人たちは自分が他人からどう見られるかということに敏感になり、自分の心と対面する時間を失います。だからといって他人との関係が充実しているわけではありません。だって相手を気にしてばかりいるのですから。

そういう若い人の不安定さが気にかかります。今必要なことは、他人や情報に振り回されない孤独な時間を作ることです。孤独の中で自分の心と向き合うことです。孤独の中で自分と出会い、そこから他者へと開かれていくことの中にしか、自分を安定させる道はないのです。

僕はそんな孤独な時間をこの問題集を通じてもってほしいと思います。現代文の問題を解くことは、自分の考えの筋道をたどり、他者と出会うことだからです。そうした時間が、いつしか自分がなにをどう考えているのか、他者はなにを考えているのか、という想いを抱くことへと通じると思っているのです。

まずその第一歩を、ここから踏み出してください。

梅澤真由起

目次

編集協力 （株）ことば舎／（株）友人社／渡井由紀子
装丁デザイン （株）ライトパブリシティ 糟谷航太
本文デザイン イイタカデザイン

この問題集の構成と使いかた

まずは本冊の「はじめの一歩編」を読んで、現代文の基礎的なことを理解してくださいね。

つぎに、実際に別冊の入試問題を解きましょう。

目標解答時間が示されているので、時間をはかることも忘れずに。


問題を解き終えたら、いよいよ本冊「実戦編」の解説に進みます。

各講の解説は、大きく分けて、つぎの三つに構成されています。

■**学習ポイント**■（1・2・3・4・7・8講のみ）…その講で学習すべき、大事な点を説明しています。その後の解説でもここで挙げたポイントを意識して読み進めてください。

■**問題文LECTURE**■…出題された文章、つまり問題文そのものを細かく読み解きます。
読解のポイント、**ひとこと要約**などで頭の中をしっかり整理してください。

■**設問LECTURE**■…出題された設問を解説していきます。自分自身がひっかかってしまった点をここでしっかり解決しましょう。

本冊で使用する記号について

ムズ…間違えても仕方のない、ややむずかしい設問に示してあります。

大ムズ…むずかしくて、かなり正答率の低い設問に示してあります。

合格点30点…〈予想される平均点＋1問分〉として示してあります。

語句ごくごっくん…問題文に登場した重要語句を解説しています。言葉を飲み込んで、みんなの血や肉になることを意識したネーミングです。しっかり飲み込んでください。

L42・L42・(L42)…問題文での行番号を示しています。

梅POINT…現代文の大事なポイントをひとことでビシッと示しています。同じ種の設問などにも共通するポイントなので、頭のひきだしに入れておきましょう。

テーマ 言語1…各講の問題文で扱われたテーマについて、もう一歩踏み込んで解説しています。

チョイマヨ…間違えやすい、〈チョイと迷う〉選択肢に示してあります。

志望校と「全レベル問題集　現代文」シリーズのレベル対応表

シリーズラインナップ	各レベルの該当大学　※掲載の大学名は本シリーズを活用していただく際の目安です。
①基礎レベル	高校基礎～大学受験準備
②共通テストレベル	共通テストレベル
③私大標準レベル	日本大学・東洋大学・駒澤大学・専修大学・京都産業大学・近畿大学・甲南大学・龍谷大学・東北学院大学・成蹊大学・成城大学・明治学院大学・國學院大學・亜細亜大学・聖心女子大学・日本女子大学・中京大学・名城大学・京都女子大学・広島修道大学　他
④私大上位レベル	明治大学・青山学院大学・立教大学・中央大学・法政大学・学習院大学・東京女子大学・津田塾大学・立命館大学・関西大学・福岡大学・西南学院大学　他
⑤私大最難関レベル	早稲田大学・上智大学・南山大学・同志社大学・関西学院大学　他
⑥国公立大レベル	東京大学・京都大学・北海道大学・東北大学・信州大学・筑波大学・千葉大学・東京都立大学・一橋大学・名古屋大学・大阪大学・神戸大学・広島大学・九州大学　他

はじめの一歩編

❶ 現代文の原点

❷ 文章の中のつながりをつかもう

まずは
この講義を
読むことから
はじめよう！

実戦編は
p.57から

1 現代文の原点

根拠をつかもう！

「**客観的**」ということばがあります。「客観的」とは他の人の立場に立つ、という意味です。では、この「他の人」とは誰でしょう？　受験の現代文では、これは〈筆者！〉と決まっています。では〈筆者の立場に立って読み、解答する〉ということは、具体的にはどういうことをすればよいのでしょうか？

それは自分の考えや常識を交えずに、**筆者の記したことばとそこに現れた筆者の意識だけを、読解の、そして解法の手がかりとする**、ということです。つまり〈ここにこう書かれているから、こういうことだ。ここにこう書かれているから、解答はこうなる〉というふうに、つねに読解の根拠を問題文に求めるということです。**与えられた文章で筆者はなにを述べていたかを答えることが、「客観的」＝筆者の立場に立つ、ということです**。現代文では、みんなは筆者の考えを忠実に大学へ伝える筆者の分身なのです。

僕は河合塾のサテライト講座という衛星放送の授業で、自分の講座に「イタコ修行編」という名前をつけました。「イタコ」って青森県の恐山とかにいる霊媒師です。「イタコ」は〈死んだジィジの声を聴きたい〉ってやってきた家族の願いを聞き、自分を捨ててジィジを自分に乗り移らせ、〈苦しい〜……〉とかジィジの声を届けます。

みんなは「イタコ」なんです。「イタコ」として筆者（＝ジィジ）を背負って、その声を大学（＝家族）に届けなければなりません。その筆者の声を忠実に届けられれば○。〈今日は霊（＝ジィジ＝筆者）のノリがちょっと悪いな〉とか言って〈お金たくさん置いてけえ〜〉とか嘘《うそ》のジィジの声を届けたら、「イタコ」失格！→大学は去っていく……。

もちろんレベルが上がれば、問題文に書かれていない内容を推論しなければならない場合も出てきます。ですがその場合でも、〈問題文にこう書かれているから、こう推測できるのではないか？〉というふうに、あくまで筆者の書いたことばに即した根拠を求めて読解していかなければなりません。

そして「根拠」とは〈**問題文に書かれていて、読解や解法を支える証《あかし》**〉のこと。みんなはつねにこの「根拠」を問題文に探してください。根拠があって答えること――これが「**客観的に解く**」ということの意味です。

ではこのことを具体的な問題に即してやってみましょう。まずつぎの文を読んでください。

例題 1

人間社会に巣くう不正や暴力、欲望の暴走、予測不可能な不安定性といったものに対する嘆きや悲しみ、やり切れなさが大思想のエネルギー源になったことは先に述べた。ここで道は二つに分かれる。一つは、キリスト教のように、「神の国」への信仰を確信しながらもこの世の苦しみに耐え、神の最後の審判を待つという姿勢である。（中略）その意味で信仰のエネルギーは社会革命へのエネルギーに直ちに転化することにはならないという構造があった。したがって、この世との関わりは少なからず不条理（注）であり、多くの偶然と苦しみに左右されることになる。

もう一つの道は、この世の諸問題にこの世において解決、それも最終的な、究極的な解決を与えようとする方向である。「あるべき秩序」は単に観念において存在するだけではなく、この世において実現されるべきものであるという。ここでは「あるべき秩序」について的確な認識を持つ人間が指導すべきであり、典型的には哲学者がそれに該当するものとして登場する。

〔佐々木毅《ささきたけし》『学ぶとはどういうことか』（講談社）による〕

注 不条理…理屈や道理に合わないこと。

なんで「哲学者」が社会の「あるべき秩序」を実現するのか、今の哲学者のイメージから考えるとピンとこないでしょう。これはギリシア時代の「王」が「哲学」をも身につけた者でなければならなかった、ということを述べている部分なので、そのことはあまり気にしなくていいです。

ではつぎの問題に答えてください。

問 傍線部の「二つ」の「道」とはどのようなものか。それぞれの「道」について説明している簡潔な箇所に波線を引きなさい（一つ目は20字前後、二つ目は40字前後）。

「二つ」の「道」について、二か所に波線を引くのですから、一つ目の「道」で一か所、二つ目の「道」

で二か所目、ということになるはずですね。文章も第1段落の傍線部直後に「一つは」とあり、第2段落冒頭に「もう一つの道は」とありますから、こうした文章の構成からしても、第1段落の傍線部のあとの部分から一か所、第2段落からもう一か所、ということになるでしょう。

ではまず一か所目。そもそもこの「道」とは、第1段落冒頭にあるように、「人間社会」における「やり切れなさ」が「大思想」の「源」になる、その「道」には二種類あるということです。第2段落を見てみると、「もう一つの道」は積極的に「解決」を求めてる。「二つ」というからには「二つ」の「道」はそれぞれ異なるものだと考えられます。そう考えて第1段落を探ると、「この世の苦しみに耐え、神の最後の審判を待つ」という、ある意味消極的な、キリスト教思想の「道」が示されている。これなら、第2段落の〈積極的〉なものとの違いも出ますね。なのでこれが一つ目の「道」だと考えられます。とすると**波線を引く一つ目の箇所は、「この世の苦しみに耐え、神の最後の審判を待つ」という部分**です。その前後が少し入っていてもOK。ただ他の文は、「この世の苦しみに耐え、神の最後の審判を待つ」という部分をもう少し詳しく、あるいは具体的に言い換えたりしているもので、字数的にもうまく切り取ることができない。なので一か所目はここで決まり。

つぎに二つ目の「道」について考えましょう。一つ目の部分との対比から、**「この世の諸問題にこの世において解決、それも最終的な、究極的な解決を与えようとする」という、積極的な「思想」へ向かう立場を示した箇所**が適当でしょう。そのあとの部分は、誰が「あるべき秩序」をもたらすか、という補足的な説明なので、重要度は今挙げた箇所より低いと考えられます。もしこれをまとめて、記述問題として解答を作りなさいということになれば、「**この世の苦しみに耐え、神の審判を待つ道と、人間自身がこの世の諸問題にこの世において最終的な解決を与えようとする道。**」というような解答になります。後半に「人間自身が」という語句を入れたのは、前半の神に頼る思想との対比が明確になるように、と考えたからです。記述問題にアレルギー反応を示す人も多いでしょう。でも解答を導くための考え方は同じです。

今までのところで大事な現代文の原点がいくつか示されました。**問題文に根拠を見つけるという「客観的」な態度**はもちろん、

1 設問の「簡潔な」という要求に応えて問題文に該当箇所を探るという、**設問文を大事にする姿勢**。
2 問題文の「一つは」、「もう一つは」という**段落のつながりを考える姿勢**。
3 二つの「道」の性格が**対比的にとらえられるのではないかと考える姿勢**。

などです。どれも文章、および文章の構成などを考えるという点で重要です。

梅 POINT
〈設問文は神様！〉 その条件には絶対従うべし。

こうしたことは梅POINTという形で、これからも確認していきますから、覚えていってくださいね。そして私立大学やセンター試験では選択肢問題が出ます。この設問ももともとは記述問題ではなく、選択肢問題でした。では大学が出した原問を、先に読んだ文章をもう一度読んで解いてください。

問 傍線部「ここで道は二つに分かれる」とあるが、どういう二つか。最適なものを次の中から選びなさい。

① 自分たちは神によって守られているとする立場と、神を守るのが人間の使命だと考える立場。
② さまざまな問題の解決を神にゆだねる立場と、あくまでも人間の手で解決しようとする立場。
③ 問題は偶然解決することもあると考える立場と、問題の解決は必然であると考える立場。
④ 人間社会の矛盾は神の力によるものだという立場と、人間の行いがもたらすものだと考える立場。

（神奈川大学出題　改）

わかりましたか。**正解は②**ですね。さきほど選んだ「根拠」があっていれば、「神を待つ」という消極的な立場（**a**）と、「この世において解決する」という人間の積極性（**b**）が出ている②を選べたでしょう。②の「解決を神にゆだねる」という部分が**a**と、「あくまで人間の手で解決しようとする」という部分が**b**と対応しています。①や④も「神」と「人」が出てきますが、①の「神を守るのが人間の使命」や、④の「矛盾」が「神による」ものだという内容が問題文に書かれていません。

ただしちょっとwait。②の選択肢は先にみんなが波線を引いた問題文の表現そのものではありません。問題文の「神の最後の審判を待つ」という部分を「神にゆだねる」とイイカエています。また「この世において解決する」という問題文の表現を「人間の手で解決しようとする」とイイカエています。こうしたイイカエについていける、柔軟な**解釈力や語彙力**《ごい》が選択肢問題では求められるのです。つまり選択肢の表現が問題文に基づいている表現かどうかをチェックしないといけないのです。付け加えると問題文にある「不条理」という語は、注にあるように〈理屈や道理に合わないこと〉という意味です。

このように、選択肢問題には記述問題にはないむずかしさがあります。みんなは記述問題のほうがむずかしいと思うでしょう。たしかに記述問題は自分で正解を作る問題、選択肢問題は作られた正解を選ぶ問題だから、自分で作るほうがむずかしそうです。でも自分と問題を作った人は違います。ここでも問題を作った人のことばが入り込んでいますから、みんなは問題文だけでなく、問題を作った人のことも考えなくてはならなくなります。選択肢問題をやさしいと思ってはいけない理由がここにあります。

梅 POINT

客観的に読解し、常に根拠を問題文に求めよ。それが現代文の原点！

2 文章の中のつながりをつかもう

さあ「**客観的**」な読解ということともう一つ、現代文の学習でよくいわれることが「**論理的**」に読もう、ということです。「論理」ってむずかしそうだけど、ある論理学の専門家は〈論理は思いやりだ〉っていってます。つまり文章を書いている人は、自分のいっていることを読んでいる人にわかってもらいたいんだ。だからどうやったらわかりやすくなるか、そのことを考えて、〈ふつうならことばや話題はこうつながるよね、こうつながったほうがわかりやすいよね〉って考えて文章を書く。すると文章の中に、**ことばのつながりや内容のつながり、つまり論理**が生まれる。それを追っかけてたどっていくことが筆者の思いやりを受けとめて、文章を読み、理解するってことです。

ただそのつながり（＝論理）は、一番小さな（＝ミクロな）単位でいえば語句と語句とのつながりから始まり、文と文、段落と段落、そして複数の段落のつながりが生み出す意味のブロックと他の意味のブロックとのつながり、果ては文章を貫く筆者の意識のつながり、なんていうむずかしい次元にまで伸びていく。最初からむずかしい次元を追い求めると混乱してしまうから、まずは語句と語句という、一番ミクロの単位から始めましょう。

1 語句と語句とのつながり

まずは簡単な問題からいきましょう。

例題 2 次の文章を読んで、空欄に当てはまる語を、後の選択肢の中から選びなさい。

通念や常識によって視線の方向が定められると、それを正しい見方として疑わなくなる。通念や常識はしばしば行き過ぎ、物ごとの一面しか見ない。ユーモア感覚は一種のバランス感覚で、極端を嫌って［　］を求める。常識がどちらか片方に行き過ぎると、バランスを求める精神が修正をうながす。通念が通念であることに安住して疑うことを忘れると、ユーモア感覚は「しかし、こうも言える」と逆の面を、ひょいとつまみ出してみせる。

〔織田正吉《おだしょうきち》『笑いのこころ　ユーモアのセンス』（岩波書店）による　東北学院大学出題〕

選択肢　① 順当　② 類型　③ 中庸　④ 繊細　⑤ 単純

「極端を嫌って」と直前にあるので、「極端」の反対のイメージをもつ「中庸（＝かたよらず穏当なこと、中道）」が妥当です。**正解は③**。他の選択肢は「極端」と対比的な意味をもちません。設問はなんらかの根拠がある部分に設定されます。この設問は「極端を嫌って」との対比、という根拠をもとに作られています。また、ここでもし「中庸」という語の意味がわからなかったら、解答できませんね。できるだけ正確にたくさんの語彙を覚えていく必要があります。

そして**空欄補充は原文の復元**です。〈こんなことばでもいいんじゃねぇ〉ではなく、〈筆者はどういうことばを使うか〉を考え、文章全体の内容や表現を壊さないことばを選んでください。

ではつぎは少しお堅い文章です。

例題３ **次の文章を読んで、空欄に当てはまる語を後の選択肢の中から選びなさい。**

われわれは、神というものを実在として知覚し、あるいは認識することはできない。神というのは、人間の頭脳がつくりだした抽象的で［　　］的な概念だ。

選択肢　**①物理**　**②論理**　**③原始**　**④超越**

〔加藤秀俊《かとうひでとし》『情報行動』（中央公論社）による　明治大学出題　改〕

〈神は人間が認識することができない。それは人間がつくりだした「概念（＝物事に対する考えなどをことばで示したもの）」だ〉、という内容が書かれています。そして空欄は「抽象的」と並列関係ですね。「抽象的」とは〈目に見える形をもたず、現実離れしているさま〉という意味です。〈語句と語句とのつながり〉というのが今回のテーマですが、ここでは「抽象的」と同じような意味をもつ語が選ばれなくてはなりません。それは「超越（的）」です。これは〈人間や現実を超えているさま〉をいうので、「抽象的」と一緒に「神」の性質を表せますし、〈神は人間の認識を越えている〉という、空欄の前の内容ともぴったりです。だから

正解は④。神のことを〈超越者〉ということもありますよ。「認識」できないのですから、認識できるはずの、①「物理的（＝ものごとを数量や形に着目してとらえるさま）」や②「論理的（＝ものの考え方の筋道、つながりを重んじるさま）」、はおかしいし、③「原始的」は「抽象的」と並列できる意味をもちません。

このように、**語句と語句がつながり、それが文脈というもっと大きな単位ともつながって、論理というものが作られていく、というイメージを忘れないでください**。文章のことを〈テキスト〉ともいいますが、それはテキスタイル＝織物、と語幹が同じです。コンテキスト＝文脈、も仲間です。これらは文章が、ことばという糸で織られた〈織物〉であることを暗示しています。その〈糸や糸の織り方〉が〈論理〉なのです。

じゃ、ちょっと**長めの語句と接続語がからんだ問題**を最後にやりましょう。少し内容が理系っぽいです。

指示語や接続語は文の流れやつながりを作る上で、とても重要な働きをします。でもよく受験生の中で、なんでも指示語や接続語が出てきたら○で囲んだりしている人がいますが、時間のムダです。とりあえず前の段落とのつながりを示すもの、傍線部や空欄の前後にあるものだけで十分です。重要だとはいえ、なんで

もやりすぎはよくありません。

例題4 **次の文章を読んで、空欄に当てはまる語を後の選択肢の中から選びなさい。**

成体になっても毎日、三〜四千億個の細胞が死んで、ほぼ同数の細胞が細胞分裂によって補給されている。死ぬ細胞の量は約二〇〇グラム、ステーキ一枚分にもなる。その多くは、機能を果たし終えた赤血球や肝臓の細胞、リンパ球などの再生系の細胞の死(アポトーシス、自死)だ。アポトーシス(apoptosis)とは、ギリシャ語の“apo”(離れる)と“ptosis”(落ちる)を合成した言葉で、秋に木の葉が散る様子に由来している。体の中ではこのように毎日、生と死が繰り返されているが、細胞が分裂できる回数は動物種によって決まっている。ヒトの場合は、五〇〜六〇回が限界。つまり、「□死」がプログラムされているのだ。

選択肢 ① **定期券的な** ② **使用者限定の** ③ **回数券的な** ④ **生き続ける** ⑤ **再生系の**

〔田沼靖一《たぬませいいち》「科学の進歩により変わる生命、変わる生命観」(『学鐙』2012年第109巻所収)による 南山大学出題 改〕

接続語は、語と語、語句と語句、文と文、などをつなぐ役割をします。空欄直前で使われている「つまり」という接続語は、〈イイカエ・まとめ〉を行う接続語です。ですからヒトの細胞が分裂できる回数が「五〇

～六〇回が限界」という部分と「□死」という部分はイコールにならなければなりません。細胞は五〇～六〇回使ったらもうそれ以上は使えないというのだから、回数が決まっているということですね。とすればそれを「回数券」にたとえれば、「つまり」の前後をイコール関係に結びつけることができます。だから**正解は③**。接続語が語句同士の関係を決めているのです。①の「定期券」と②の「使用者限定」は「回数」には関係がありません。限界があるのだから、④「生き続ける」、⑤「再生」も合わないです。

梅 POINT

① 語句と語句とのつながりが文の出発点。

② ①を見抜くためにことばのイメージを身につけるべし！

2 文と文とのつながり

語句と語句とのつながりが、もう少し広がりを見せてくると、文と文とのつながりがつぎのステップとして現れてきます。単純に二つの文のつながりだけで内容が理解でき、解答が出せるというものもありますし、いくつもの文のつながりを考えなければならないものもあります。文のつながりがふえていけば、それは文脈（＝文のつながり）を形成しはじめます。そして文と文とのつながりを作るのは、先にも少し触れましたが、〈接続語と指示語〉です。これらを中心に文と文とのつながりを見ていきましょう。少しむずかしくなりますから、気合いを入れて！

例題5 **次の文章を読んで、空欄に当てはまる語を後の選択肢の中から選びなさい。**

ソクラテスとプラトンによって始められた（といってよい）政治学《ポリティックス》は、古代アテネにおける民衆政治にたいする疑念を表明したものだったのです。それが、現代政治学では民衆政治への礼賛《らいさん》のほぼ一色で塗り固められています。こういうのを［　　］というのではないでしょうか。

選択肢　①**無知の知**　②**民衆の病気**　③**政治の現実**　④**哲学の背理**　⑤**歴史の皮肉**

（西部邁《にしべすすむ》『昔、言葉は思想であった―語源からみた現代』（時事通信社）による　関東学院大学出題）

まず空欄の前の「こういうの」という指示語の指している内容を考えましょう。指示語の指しているものはたいてい指示語の前にありますが、**指示語の内容を決める手がかりは後ろにあることが多いんです。指示語の後ろに続く語や述語、内容を踏まえて、指示語の受けている内容を、指示語の前に探す、というのがルール**です。ただしこの設問の場合は後ろが空欄で手がかりがないので、前を見るしかありません。

もし「こういうの」が直前の「現代政治学では民衆政治への礼賛（＝誉めること）のほぼ一色で塗り固められています」を受けているとすると、こうした「政治学」のありかたに対して、ダメだ、とかいいとかいう評価をすることになるでしょうが、選択肢を見るとそうしたものはありません。唯一②に空欄直前にある「民衆」が入っていますが、今は「政治学」という学問が「民衆政治」を「礼賛」しているので、「民衆」が「病気」になっているわけではありません。だからこれは解答にはなりません。

そこで発想を変えて、「こういうの」はもう少し広い範囲を受けていると考えてみましょう。つまり文章冒頭からの内容を受けていると考えるのです。「ソクラテス」とかはギリシア時代の人ですね、そのギリシアに始まった「政治学」は「民衆政治にたいする疑念（＝民衆政治はアカン！）」を表明したものだった、と書かれています。「それが」いつの間にか、逆になり、現代の政治学は「民衆政治」を「礼賛」しているのです。これら二文の内容を「こういうの」が受けていると考えるとどうでしょうか。歴史の初めにあった政治学と現代の政治学がなぜか180度ひっくり返っています。歴史的な変化ですね。それに、〈期待したことと結果が逆になること、本心と表現が逆になること〉を「皮肉」といいます。今、古代の政治学と現代の政治学が〈逆になっている〉というニュアンスをこめて、こうした事態を⑤**「歴史の皮肉」**と呼ぶことができます。つまり**正解は⑤**。「こういうの」という指示語は前二つの文の内容を受けていたのです。①「無知の知」はソクラテスのいったことばで〈自分が無知であることを知っていることは大事なことだ〉という意味。「こういうの」の受けている内容とは関係ありません。②は説明しました。③はチョイマヨですが、問題になっているのは「政治学」という学問です。現実の「政治」ではないので、そこにズレがあります。④の「哲学」は「政治学」と違う学問です。「背理」は〈道理や理屈に背くこと〉という意味です。

ではつぎの問題です。今度は**接続語**が絡んだ傍線部の内容説明問題です。

例題6 **次の文章を読んで、後の問いに答えなさい。**

言葉は記号すなわち社会的取り決めであるという事実から、さまざまな問題も出てきます。よく効く薬には必ず副作用があります。同じことです。

約束事は守られなければ役に立ちません。

昔々、太古《たいこ》の昔、言葉が発生しはじめたころは、約束事としての使い方はしっかりしていたはずです。そうでなければ、そもそも言葉は出現しなかったはずです。

ところが、人々の交流が進んで、違う社会の違う概念が言葉として入ってくるようになると、言葉はだんだん堕落《だらく》するようになります。つまり、「意味の純粋さがだんだん怪しくなります。

問 **傍線部「言葉はだんだん堕落する」とは、どのようなことか。その説明として最も適切なものを、次の①～⑤の中から一つ選びなさい。**

① 違う社会の違う概念が言葉として入ってくるようになると、その言葉が記号化された際の確固とした使い方や意味が不透明になること。

② 違う社会の違う概念が言葉として入ってくるようになると、自分たちの言葉に置き換える純粋な努

力を怠るようになること。

③ 違う社会の違う概念が言葉として入ってくるようになると、かつてはしっかりしていた社会的約束事に対する人々の意識が希薄になること。

④ 違う社会の違う概念が言葉として入ってくるようになると、違う社会の言葉のほうがもてはやされ、もとの言葉がいつの間にか使用されなくなること。

⑤ 違う社会の違う概念が言葉として入ってくるようになると、自分と相手の双方が共通した概念を持たないまま言葉を使うようになっていくこと。

〔山鳥重《やまどりあつし》『「わかる」とはどういうことか』（筑摩書房）による　玉川大学出題　改〕

まず、傍線部「言葉はだんだん堕落する」とつぎに続く「意味の純粋さがだんだん怪しくなります」という一文は、「つまり」というイイカエの言葉によってイコールの関係にあります。するとこの二文の関係から、〈言葉の堕落〉とは〈意味が不純になること〉だとわかります。また〈不純〉については、〈いろいろなものが混じる〉と〈不純〉ですから、**「違う社会の違う概念が言葉として入って」きて、〈言葉の意味や用法が、そうした他の社会のものと混合し、純粋なものでなくなる〉＝〈不純〉（a）**ということだと考えられます。

でもこれだけではありません。傍線部を含む文の冒頭に「ところが」という語があることに注目してください。「ところが」は逆接の接続語ですから、前の部分に書かれていることと、傍線部を含む文とは〈逆〉

の内容になるはずです。言葉の「約束事としての使い方はしっかりしていた」ということと、今は「堕落」しつつある、という内容が〈逆〉になると考えればよいでしょう。つまり、「堕落」とは〈落ちぶれること〉ですから、昔は「約束事としての使い方」が「しっかりしていたはず」なのに、**〈現代は言葉の約束事としての使い方が確かなものでなくなっていること〉＝「堕落」（b）**、だと考えられます。

すると**正解は①**です。「不透明」とは、にごっている感じでもあり、〈曖昧、不純〉などという意味を表せる言葉ですから、「違う社会の違う概念が言葉として入ってくるようになると」、「意味」が「不透明」になる、という内容が**a**と、「その言葉が記号化された際の確固とした使い方や意味が不透明になる」という内容が**b**と合致します。「記号化」は問題文冒頭に「記号」＝「社会的取り決め」とあるので、〈記号化された際〉＝〈社会的な取り決めとなった際〉、と考えればよいでしょう。むずかしいけど、**「不透明」とかのイイカエについていけるとナイス**です。

③がチョイマヨですが、単に「社会的約束事」というと道徳とかも入り、言語のことに限定できなくなるので×です。他の選択肢は問題文に書かれていないことが書かれているので×。

梅 POINT

接続語がつなぐつながりを手がかりに、問題を解いていくべし！

ではもう一つ、問題を解いてみてください。文章が少しむずかしいです。

例題7　次の文章を読んで、あとの問いに答えなさい。

電子書籍はスーパーリアルに「今読みたい本、読む必要がある本」を私たちに届けてくれる。その代償(注1)として、電子書籍はその本との宿命的な出会いという「物語」への共犯的参加を読者に求めない。電子書籍は実需要対応の情報入力源である。欲望も宿命も自己同一性(注2)も、そのようなロマネスク(注3)なものに電子書籍は用事がない。

注
1　代償…かわりに払う犠牲。
2　自己同一性…ここでは、自分と作品との一体感、というような意味。
3　ロマネスク…ここでは、現実的ではないさま・心ひかれる美しいさま、というような意味。

問　傍線部「実需要対応の情報入力源」とはどのようなことを言っているのか。その説明として最も適当なものを、次の①～⑤の中から一つ選びなさい。

① 人々の要求に応じて紙媒体の本よりも素早く情報を人々に供給する、ということ。
② 紙の本の場合と異なり、電子書籍に入った本はどれも面白みを感じさせない、ということ。
③ 現時点で求められているものを単に満たすための情報を提供するものである、ということ。
④ 新しい機械であるだけに、紙の本よりも多くの情報を入力できる、ということ。
⑤ 電子書籍は現実的な需要があったために発明された新しいテクノロジーだ、ということ。

〔内田樹《うちだたつる》「活字中毒患者は電子書籍で本を読むか？」／『本は、これから』（岩波書店）による　オリジナル問題〕

この文章の中の傍線部の前後には接続語がありませんね。でも「接続語があれば、二つの文がどんな関係になっているのかがわかるのに……」と落ちこむ必要はありません。接続語は文章の接着剤です。接着剤は切れたり、折れたりしたときに使います。それを文章のプロが使わないということは、前の文とあとの文とで、文の内容がほとんど動いていない、ということです。つまり

梅 POINT **接続語ナシにつながる文同士はイイカエ・説明の関係になることが多い。**

ここでは、傍線部の前後に接続語がありません。だから「電子書籍」が「実需要対応の情報入力源」（なんか変わった表現ですが）だというのは、傍線部の前後の内容と同じことなんだと判断すればよいのです。傍線部の前の部分では、「電子書籍」は読者が本と「宿命的な出会い」をするというようなドラマをもたらさない。

また傍線部のあとの文は、「宿命」はもちろん、「自己同一性」という「ロマネスク」とも無縁だといってます。つまり傍線部の前後を見ると、「電子書籍」は味気ない、実務型のお堅い仕事人、って感じなんです。だから「実需要対応の情報入力源」とは〈「実需要」があればそれに対応して淡々と事務的に情報を与えるもの〉というような意味になります。そしてこの読み方は、問題文冒頭の、「電子書籍」は「スーパーリアルに」、「必要」を満たすという内容とも一致するので、適切といえます。

すると**正解は③**。「現時点で求められているもの」が「実需要」と合致し、「単に満たすための情報を提供する」という部分が傍線部前後の〈味気ない感じ〉を表現していますし、問題文冒頭の一文とも一致します。

①はスピードのことで、傍線部と直接関係がない。問題文では「電子書籍」は「今読みたい本」なのですから、②のように「どれも面白みを感じさせない」とはいえません。傍線部が②のような内容なら、傍線部と問題文冒頭の一文との間に食い違いが生じます。問題文にはつながり（＝論理）があるはずですから、それを壊すようなことは絶対ダメです。④は情報量について述べており、傍線部前後の内容と一致しません。⑤は チョイマヨ ですが、単に「電子書籍」が「需要」に対応して作られた「テクノロジー」だと述べているだけで、傍線部の前後の〈味気ない感じ〉はやはり説明されていません。

では最後に**接続語と指示語との両方が関わる**、まとめの問題をやってみましょう。

例題 8 **次の文章を読んで、空欄に当てはまる語を後の選択肢の中から選びなさい。**

原初の時代には、人間にとって日々が生きるための闘いだったと言えるでしょう。生き延びるための、生存を勝ち取るための闘いです。相手はまず自然そのものであったり、他の動物であったり、あるいは他のグループの人間であったり、ときには仲間であったりするでしょう。ひょっとすると、いつも「身近」に接する仲間との闘いに勝った者が、その他の敵との闘いに勝ち残る力を身につけるのかもしれません。

つまり［　　　］。そして争いはまずそこから始まるということです。動物行動学のコンラッド・ローレンツは、人間が初めて石を道具として使えると気づいたとき、最初にそれを応用したのは隣人を倒すためだっただろうと言っています。

選択肢

① 多様な相手に勝てる能力が必要とされる
② 人間とは本質的に脆弱《ぜいじゃく》な存在である
③ つねに恐怖の生存感情にさらされている
④ 具体的な相手はいつも身近にいる

〔西谷修《にしたにおさむ》『夜の鼓動にふれる　戦争論講義』（東京大学出版会）による　麗澤大学出題　改〕

空欄直前の「つまり」は先にも書いたように、イイカエ・まとめの役割をする接続語です。どちらの役割にしても「つまり」の前と空欄は同じ内容になるはずです。空欄の前には「身近に接する仲間との闘いに勝った者が、その他の敵との闘いに勝ち残る」と書かれています。ここでイイカエだから、と考えて、①（チョイマヨ）を解答にした人が多いかもしれません。たしかに「その他の敵との闘いに勝ち残る」と「多様な相手に勝てる能力が必要とされる」はリンクしています。

でもここで、空欄のあとの「そこ」という指示語に注目してください。今①を答えにすると、「そこ」の指すものは？　「そこ」というのは場所や空間を表すのが普通ですが、「そこ」の前後を見ると、〈争いが始まる場所〉という意味だとわかります。①「多様な相手に勝てる能力が必要とされる」には、〈争いが始まる場所〉という意味になる語句がありません。

さてここで発想を変えてみてください。空欄の前の文では「身近に接する仲間との闘いに勝った者が～勝ち残る」と書かれていました。つまり敵は「身近」にいるのです。すると④の選択肢が空欄の前の内容とイイカエの関係になります。そして④を入れれば、空欄のあとの「そこ」が「身近（なところ）」を指すことができて、イイんじゃないですか。さらに問題文の最後には、〈石を使い始めたのは隣人を倒すためだった〉という説が紹介されています。「身近（に接する）」――「身近（にいる）」――「隣人」という語句の**つながりが、文同士の間で接続語と指示語によって作られている**のです。だから**答えは④**。②・③は空欄の前の内容とイイカエ関係を作れません。

梅 POINT

空欄補充問題では前だけじゃなく、後ろも見るべし。
空欄前後の指示語・接続語は要チェック！

ついでに接続語の一覧表を載せておきますから、覚えるだけじゃなく、どんどん自分で使って使い方も覚えていってください（例文がイヤな感じだけどね）。

接続語（接続詞・副詞）の用法

語	用法	用例
さて・ところで・また	話題の転換	模試が終わった。さてなにして遊ぼうか。
だが・しかし・けれども・ところが・にもかかわらず・しかるに・とはいえ	逆接	模試が終わった。だが来週も模試だ。
一方・他方・これに対して	対比	模試が終わった。一方期末試験がすぐ始まる。
むしろ	前の内容を否定・修正して比較→「打ち消し＋むしろ」	模試が終わったとほっとすべきではない。むしろこれからが試練なのだ。
だから・したがって・ゆえに・とすると・よって	原因と結果の結合	模試が終わった。だからちょっと遊ぼう。
なぜなら・なんとならば	結果と原因の結合	ちょっと遊ぼう。なぜなら模試が終わったからだ。
および・～だけでなく・しかも・さらに・のみならず	付け加え（添加）て強調	模試が終わった。しかも最高の出来で。
ただ・ただし	強調して付け足し	模試が終わった。ただ出来はわからない。

（次ページに続く）

ちなみに	**軽い付け足し（ついでにいえば）**	模試が終わった。**ちなみに**これが最後の模試だ。
また（は）・あるいは・そして	**並列**	模試の結果か、**あるいは**内申書で進路を決める。
そして	**順接・強調**	模試が終わった。**そして**結果がすぐに発表された。
やはり	**前内容を繰り返して強調**	模試が終わった。**やはり**模試でも終わるとほっとする。
すなわち・つまり・要するに	**言い換え・まとめ**	模試がすべて終わった。**つまり**、あとは本番のみだ。
いわば	**比喩や簡単な一言で言い換え**	模試が終わった。**いわば**練習試合が終わったのだ。
いわゆる	**よく言われる言い回しで言い換え**	模試を受けることは、**いわゆる**腕試しをすることだ。
たとえば・事実・実際	**例を示して言い換え**	模試、**たとえば**私大型模試を受けてみる。
まるで・あたかも・ちょうど	**比喩を導く**	模試をたくさん受ける。**あたかも**質より量というように。
もちろん・むろん・なるほど・たしかに	**確認。逆接を後ろに伴えば、他の意見を消極的に肯定する→譲歩の構文に**	**もちろん**模試を受けるのはいい。しかし（逆接）量より質だよ。

2

3 段落と段落とのつながり（＝意味のブロック）を作ろう

文と文とが作り上げるつながりは、つぎの段階ではいわゆる段落を作ります。その段落だけで一つのまとまりを作ることもありますが、そのときはその段落の内容だけをまとめればよいだけですから、それほどむずかしいことではありません。たとえばつぎの文の最初の段落だけを見てください。

例題 9

自然と人間の違いは、どこから生じたのであろうか。私にはそれは、イデオロギー(注1)に支えられながら生きる人間と、イデオロギーの支えを必要としていない自然との相違であるように思われる。よく考えてみれば、進歩や発達が人間にとって幸福なことなのか、不幸なことなのかは誰にもわからない。それは自動車や電機製品のない時代に暮らしていた人々が、自分は不幸だと思っていたわけではないのと同じことである。しかし人間たちは、進歩や発達を人間社会にとって不可欠の要素だと考えるイデオロギーをもつことによって、自らの行動を支えながら生きている。

自由もまた同じ性格をもっている。なぜなら人間は、自由をも一度理念化し(注2)、その理念をイデオロギー的な支えとして、自由を語る習慣をもっているからである。自然はそんなめんどうなことはしない。自然に生きていられることが、自然にとっての自由である。それは、ときに水辺に降り立ち、ときに大空を舞い、ときに森や草原に木の実、草の実を探しながら、自らの尊厳に満ちた一生を送ることが、鳥たちの自由であるように。

〈内山節《うちやまたかし》『自由論――自然と人間のゆらぎの中で』（岩波書店）による〉

注
1　イデオロギー…主義主張、社会や人間を支配している価値観。
2　理念化…「理念」は〈ものごとのあるべきさまについての考え〉。「理念化」は〈あるべきさまを考えること、想定すること〉。

まず最初の段落の冒頭では、「イデオロギー」（たとえば人間は進歩しなければならない、とか）に支えられながら生きる人間と、イデオロギーを必要としない自然との違いが示されています。こうした**対比**は重要ですから、この段落のポイントだと考えられます。そのあとの部分は、「自動車」などの例を出しながら、「進歩や発達」が「不可欠」だと考えることが幸せなことなのかわからないけれど、〈人間は進歩しなければならない〉というイデオロギーに支えられて人間たちは生きている、ということを述べています。「よく考えてみれば」から最後から二つ目の文までは人間がイデオロギーに支えられて生きることの具体例だと考えられますから、軽い部分だと判断しましょう。最初の段落の最後の一文は1行目の「イデオロギーに支えられながら生きる人間」と同じ内容です。

このように一つの段落をまとめたり、内容を理解することはそれほどむずかしいことではありません。また単に筆者の好みだけで作られている1行や2行の段落もあります。とにかく文の冒頭が1字下がっていれば形式段落というものになってしまうのですが、これらについてはそれほど気にする必要はありません。大事なのは、形式段落が複数集まって作る意味のまとまり、意味のブロック（＝意味段落）です。

梅POINT 形式段落よりも意味のブロック（＝意味段落）を重視すべし！

意味のブロックとは段落同士のつながりのことです。それらのまとまりを見分けるには、たとえば**段落同士の間に共通した語句があるとか、指示語（「このように」など）で前の段落を受けている、というような形で意味のブロックが作られているのを見抜かなければなりません。**逆に段落冒頭の接続語（「ところで」など）で前の段落と話題が転換されている場合はそこが**意味のブロックの切れ目**と考えて、前や後ろの意味のブロックと区別しながら、またそれらのつながりを考えていけばよいのです。

ではそうしたことを具体的に見ていきましょう。先の文章を読んで、あとの問いに答えてください。

問 傍線部「自由もまた同じ性格をもっている」とはどのようなことを言っているのか。その説明として最も適当なものを、次の①〜⑤の中から一つ選びなさい。

① 人間が自分では不幸であることがわからないように、自由もすべての存在にとってよいことであるかわからないということ。

②進歩というイデオロギーが人間を幸福にしたか誰にもわからないように、自由という理念もまた人間に幸福を与えるかわからないということ。
③進歩や発達と同様、自由も理念化されイデオロギーとして人間を支えるものとして機能するということ。
④人間が進歩や発達というイデオロギーに支えられてしか生きられないように、自由もまた人間の理念としてしか存在しえないということ。
⑤自然がイデオロギーを支えとする必要がないように、自然にとっての自由もまた単に自然に生きることでしかないということ。

（東北学院大学出題　改）

傍線部中の接続語「また」は話題を転換しているのではなく、「もまた」という形で、前の段落を受ける〈並列〉の役割をしています。このことは「また」の前に並列の「も」がついて「もまた」という形をしていることからもわかります。すると「自由」が前の段落のなにかと〈並列〉されているということになります。ではなにと並列されているのでしょうか？

「自由」は、人間にとっては「理念」です。「理念」は〈考え〉ですから、抽象的な（＝目に見えない）観念（＝頭の中にある考えやイメージ）でもあります。それと〈並列〉されているものも、同じような性格をもつはずです。すると前の段落の**「進歩や発達」が、抽象的な観念として「自由」と似た性格をもっているといえます（a）**。なぜかというと、傍線部の前の段落に「人間」は、「進歩や発達を人間社会にとって不可欠の要素だと考えるイデオロギーをもつ」と書かれているからです。つまり「進歩や発達」は「イデオロギー」と関わりのあるものですね。そして傍線部のあとにも、「自由」という「理念」を、人間は「イデオロギー的な支え」とすると書かれています。この**〈人間を支えるイデオロギーに関わる〉という点が両者の共通点（b）**だから、「進歩や発達」と「自由」は似た性格をもつのです。

もう正解はわかりましたね。傍線部は「自由」となにかが「同じ性格」をもっているといっているのです。そのなにかは「進歩や発達」で、「同じ性格」は**b**の内容です。だから**正解は③**です。「進歩や発達と同様、自由も」という説明が**a**と、「イデオロギーとして人間を支える」が**b**と対応していますね。

①は「人間」を「自由」と並列しているので、**a**と×。②は「進歩」と「自由」を並列と見なしている点で**a**はOKですが、〈人間を幸福にするか〉どうかを両者の共通点として説明していて**b**と×。④**チョイマヨ**は①同様、「人間」を「自由」と並列しているので、**a**と×。また、「進歩や発達」と「自由」が並列されていると読んだとしても、「自由もまた人間の理念としてしか存在しえない」というのは問題文の内容と違います。④は「自由」が「人間の理念としてしか存在しえない」と説明していますが、「自由」が「人間の理念」になるしかないのではありません。「自由」は「自然」にもあり、「自然」の「自由」は、「理念（化）」なんて「めんどうなこと」はしない。「人間の理念」と関係のない「自由」もあるのです。⑤の内容は問題文に書か

れていますが、「自由」と「自然」を並列している点で**a**と×。**b**の内容とも違います。

梅POINT 傍線部が関わる、意味のブロック全体を見て設問に答えるべし！

つぎに**段落が指示語でつながっている**場合を見てみましょう。

例題10 **次の文章を読んで、あとの問いに答えなさい。**

「事実」と言えば、それを表す英語は〈fact〉であることは、どなたもご存じですね。しかし、この単語の元の意味は何だったのでしょうか。調べてみると面白いことが判《わか》ります。〈fact〉はラテン語の〈facio〉という動詞の過去分詞形から派生したものだと言います。〈facio〉は「する」、「なす」という意味ですから、「人間がしたこと」です。そこから「人為的な」という意味が生まれます。実際〈fact〉の形容詞〈factitious〉になると、なんと「作為的な」、あるいは「虚構的」という訳語が当てはまります。およそ「事実的」とは反対のような意味ではありませんか。

ここには、［　　　］、という発想があります。ユクスキュルという動物行動学者がいますが、大変面白いことを書いています。森林に棲《す》むダニにとっては、酪酸の匂いと、通りかかる動物の体温が齎《もたら》す気温の微妙な変化だけが、「事実」なのだ、と。それを感じ取って、ダニは長い眠りから覚め、動物の上に樹から落ちて寄生するのだそうです。彼らの「事実」は、「人為的」ならぬ「ダニ為的」なものなのです。

問 **空欄に入る最も適切なものを、次の中から一つ選びなさい。**

①「事実」は自然に発生したものだ
②「事実」は妄想から生まれるものだ
③「事実」は小説より不思議なものだ
④「事実」は人間が造り上げたものだ
⑤「事実」はさまざまに解釈できるものだ

〈村上陽一郎《むらかみよういちろう》『知るを学ぶ　あらためて学問のすすめ』（河出書房新社）による　白百合女子大学出題〉

最初の段落では、〈fact〉という語の語源をたどり、そこに「人為的」という意味があることを探ります。「事実」といえば、誰もが認める客観的なことがらというイメージですが、その「事実」の形容詞には、「作為的（＝わざと行うさま）」、「虚構的（＝作りごとであるさま）」という意味まであり、そうなると「事実的」ということばと反対の意味になってしまう、ということが述べられています。

すると、こうした前の段落の内容を受けている空欄直前の「ここには」という指示語はどんな意味になるでしょう？　空間的なイメージをもつ指示語ですから、〈fact＝「事実」、という語源の中〉というぐらいの意味だと考えていいでしょう。そして空欄には〈fact＝「事実」という語源の中〉に見られる「発想」が入ります。また、空欄のあとも見てください。第2段落の「ダニ（ちょっとワオ）」の例は、「事実」が「人為的」ならぬ「ダニ為的」だ、と書かれているので、第1段落に書かれた、「事実」がふつうの意味とは反対の、「人為的〈ダニ為的（＝ダニが造り出す）〉」と対応する具体例だと考えられます。つまりダニにとっては、酪酸の匂いと動物が通りかかったことを示す気温の変化だけが重要な「事実」なのです。それは言い換えれば他のことはどうでもよくて、ダニが「事実」を選んでいる、ということです。もっといえばダニにとって「事実」といえるものはこの二つだということですから、ダニが自分にとっての「事実」を造っている、といってもよいでしょう。だからダニにとっての「事実」は「ダニ為的」なのです。

すると空欄をはさんで、**「事実」は「人為的（ダニ為的）」＝人間（やダニ）が造ったものなんだ**という似たことを語っていることになりますから、空欄にも同じような内容が入れば、段落同士のつながりもできるでしょう。よって**正解は④**です。④の「造り上げた」が「人為」、「作為」と対応するからです。①はまったく「人為」の意味がありません。②「妄想」は「人為」と意味がズレますし、「ダニ」の例に当てはまりません。③「小説」は「虚構」ですが、〈その「小説」より「事実」が「不思議だ」〉という内容は問題文にはありません。⑤「さまざまに解釈できる」というのも「虚構」の一つの要素だとはいえますが、問題文で話題にしているのは、「人間がした」、〈人間（ダニ）が造る〉ということであって、「さまざまに解釈できる」ということではないので、⑤も正解にはなりません。

梅POINT 接続語や指示語などに注意して段落と段落の関係を考え、一つのまとまりを作っていくべし!

また接続語や指示語がなくても、**共通の語句**によって、強いつながりを作っている段落同士があることも知っておいてください。

さて、では「段落と段落とのつながり」の最後の例題です。三つの段落のつながりを考えていきましょう。文章が長くなりますから、きちんとつながりをたどってください。記述問題ですよ。

例題11 **次の文章を読んであとの問いに答えなさい。**

現代社会は、溢《あふ》れるばかりの情報が降り注ぎ、人はこれに埋もれてしまっている状態である。広い範囲の具体的な情報に、誰でもいつでも簡単にアクセスができるようになった。知りたいと思ったときに、すぐに知ることができる。ただし、知りたいと思っていないものまで、無理矢理知らされてしまう、という事態に陥っている。また、いったい何が本当なのか、ということがわからない。その理由は、これらの情報が、どこかの誰かが「伝えたい」と思ったものであり、その発信者の主観や希望が必ず混ざっているからだ。濁りのないピュアな情報を得ることは、現代の方が昔よりもむしろ難しくなったといえるだろう。

したがって、「知る」という行為だけでは、なかなか客観的な視点には近づけない。さらにまた、非常に瑣末《さまつ》な知識に大勢が囚《とら》われている。そういった身近で具体的な情報に価値があると思い込まされている、といっても良い。実は、それらは身近なもののように偽装されているだけで、「具体的な情報を知らないと損をする」と恐れている人たちに付け入っているのである。

自分が得た情報を、別の情報と照らし合わせたり、理屈を考えて、どうしてこういったものが伝わってきたのだろう、といちいち考える人も少ない。そんな暇はないのかもしれない。しかし、ちょっと考えてみれば、「これはできすぎている」「嘘《うそ》かもしれない」と疑うことができるはずだし、その情報の陰に隠れている動機、相互関係といったものを類推することもできる。もちろん、真実はわからないが、自分なりの解釈を持つことで、ものの見方は変わってくるだろう。自分なりのものの見方を持っていることが、客観性や抽象性を育てる。

問 傍線部「溢《あふ》れるばかりの情報が降り注ぎ、人はこれに埋もれてしまっている状態である」とあるが、筆者はその状態から脱却するためにはどうすることが必要であると考えているか。つぎの形式に従って、四十五字以上五十字以内で記せ。ただし、読点や記号も一字と数える。

広い範囲の具体的な情報が溢れるばかりの現代社会では、［　　　　］ことが必要である。
〔森博嗣《もりひろし》『人間はいろいろな問題についてどう考えていけば良いのか』（新潮社）による　法政大学出題　改〕

第1段落は、傍線部にあるように、現代社会に情報が氾濫《はんらん》している様子を説明しています。知りたくないことまで無理矢理知らされてしまう。そして情報には発信者の主観や希望が必ず混ざっているから「何が本当なのか」わからない。

第2段落は「したがって」という因果関係を表す接続語で第1段落の内容を受けています。その受け方は〈現代社会はいろいろ知ることはできるけど、何が本当かわからない（第1段落）〉→「したがって」→〈「知る」だけでは客観的なものには近づけない〉というつながりです。それに第2段落に書かれているように、世間に溢れている知識は「瑣末《さまつ》（＝取るに足らないこと）」なものばかりなのに、私たちはそういうものに価値があると思っている。そうした人たちに〈この情報を知らないと損しまっせ〉と情報が忍び寄ってくる。第2段落には、情報に頼りがちな現代人の心理とそこにつけ込む情報との関係が描かれているといってよいでしょう。

では第3段落は前二つの段落とどのように関わり、どんなことを語ろうとしているのでしょうか？　それがわかれば三つの段落のつながりもわかり、設問にも答えられます。第3段落の、とくに最後の一文に注目してください。「自分なりのものの見方を持っていることが、客観性や抽象性を育てる」とあります。さきほど第2段落の冒頭にも「客観的」ということばが出てきました。**共通語句**ですね。そして第2段落では「なかなか客観的な視点には近づけない」と悲観的なことを述べていたのですが、問題文末尾では「自分なりのものの見方」をもてば「客観性」を育てることができる、という結論に達しています。つまり三つの段落のつながりを単純に書くと、つぎのようになります。

第1段落　現代では主観的な情報が氾濫していて何が本当かわからない
←
第2段落　したがって客観的な見方ができない
←
第3段落　（だが）自分なりのものの見方をもてば、客観性を育てることができる

そして設問でもどうすれば「情報」に埋もれてしまっている状態から脱却できるか、が問われていました。「情報」に埋もれてしまっている状態から脱却する、ということは、さまざまなものに振りまわされずに、きちんと距離を置いて情報を見極めていくことですから、情報に対して距離を置き、個人的な主観や曖昧《あいまい》なものから独立すること（＝客観的な態度をもつこと）です。だからそのために、第3段落最後の**〈a　自分なりの見方をもつ〉**ことが解答の重要なポイントの一つになります。

ではこれだけでよいでしょうか。第1、第2段落は、現状の説明でした。そこにはどうしたら情報の氾濫から脱却できるかは書かれていません。それなら第3段落を中心に「脱却」の方法を探ってみましょう。たとえば第3段落の冒頭に「自分が得た情報を、……『嘘かもしれない』と疑うことができるはずだ」と書かれています。すると筆者は、**〈b　情報を他の情報と照合し理屈を考えて疑うこと〉**が、情報の真偽を確かめ、情報に振りまわされないことにつながると考えていると判断してよいでしょう。

またそのすぐあとに、「情報の陰に隠れている動機、相互関係といったものを類推することもできる」とあり、このことが、情報に対する自分なりの「解釈」をもつことにつながっていくのだと筆者は述べています。すると**〈c　情報の背後にある動機や相互関係を考える〉**ということも情報の氾濫から脱却する一つの方法として示されているといえます。解答は、**bの〈照合〉**と**cの〈相互関係〉**が複数の情報を関連づけるという点で、内容的に近いので、二つを近くに置き、「**情報を他の情報と照合し、理屈で疑いながら、情報の背後にある動機や相互関係を考え、自分なりの見方を持つ（50字）**」（ことが必要である）、というふうにまとめられればナイスです。

記述問題はむずかしい、自分は記述問題が苦手だ、と思っている記述アレルギーの人は多いです。でもけっしてむずかしく考えることはない。抜き出し問題の延長だと考えればいいのです。問題文の表現に頼りながら、**解答の要素をつないでいく**ことができればいいんです。それに前に書いたように、記述問題って自分で正解を作れるんですよ、これはすごいことでしょ。その快感をぜひ体験してみてください。

梅POINT 段落のつながりとそれぞれの内容を考え、設問に対応する部分を見極めるべし！

4 大きなつながり

では「❷文章の中のつながりをつかもう」の最後に少し長い「文章の中のつながり」を見極めていきましょう。

例題12 次の文章を読んで、後の問いに答えなさい（1～9は段落番号）。

1 現代社会で様々な問題が複雑になればなるほど、人々は自分で確かな判断などできなくなります。だからこそ、「われわれ」とは違った異能の持ち主で力量に富んだ指導者を待望するのです。

2 そこで自分で判断できなければどうするか。いうまでもなく「大勢」(注1)に従うほかないでしょう。「大勢」に従うとはまた、状況を読むということです。状況の動きに従うということです。まさしく「空気」を読むことであり、〝KY〞は嫌われるのです。

3 これは山本七平のいう「空気の支配」にほかなりません。状況の動きを差配《さはい》(注2)するものはその場の「空気」なのです。少し別の言い方をすれば、その状況で惹起《じゃっき》(注3)しているある種の情緒が臨場感《りんじょうかん》(注4)をもってその場の全体を包括してしまうのです。

4 こういうことはわれわれの身の回りでいくらでも生じます。会議にしても小さな集まりにしても、ある「空気」ができてしまうとそれに逆らうことはたいへんに難しくなってしまいます。それは、ある与えられた状況のなかで、ひとつの「空気」が絶対的に正しいものと見なされてしまい、その正しいものを認めないこと自体が誤りであると同時に、道徳的な悪だとみなされてしまうからです。（中略）

5 確かに戦争直前には、鬼畜米英、神国日本、天皇陛下万歳、国への忠義という「空気」が支配し、それに反対することは全面的に悪となってしまった。ここでは、鬼畜米英や天皇陛下万歳という言葉が絶対化され、それに反するものは全面的に誤りであり悪であるとされるのです。「非国民」という一語ですべてが片付いてしまうのです。（中略）

6 これは決して戦前で終わったことではないのです。戦後もまったく同じです。まさに民主主義のもとで同じことが生じているのです。戦前の「天皇陛下万歳」にかわって「国民主権」や「民意の政治」が支配するようになりました。「非国民」にかわって「国民のため」が祭り上げられてしまうのです。つまり、戦後は民主主義そのものが「臨在感的」(注5)にわれわれを支配しているのです。「国民の総意」だとか「民意」なる「アニマ」(注6)が「空気」を作ってしまうのです。

7 そうなると、そのバリエーションとして「官僚は無責任」とか「公務員は保身的」とかいった言葉がでてきます。誰かがそれを大声で叫びだせば、そこにひとつの「空気」がうまれます。たいていの人は本当のところ官僚の生態も公務員の内実もまったく知らないにもかかわらず、この「空気」を受け入れ、かくて「空気の支配」が醸成されるのです。

8 ここで「空気の支配」のおおよその構造を知ることができるでしょう。まず、その社会を覆っている基本的な正義の観念があります。戦後日本では、それは「民主主義」であり「平和主義」でありました。その延長上に、「国際化」や「グローバル化」や「個人の自由」や「基本的人権」などがでてきます。

9 そして、ある不都合な事態や新たな課題が生じれば、通常、まずはこの正義の観点から問題が提示されます。「官僚支配は悪だ」とか「派閥政治は間違いだ」から「暴力団は排除せよ」や「談合は悪だ」、「個人の自由の抑圧は間違いだ＝規制緩和すべし」、「男女は完全に平等である」、「結婚は本人同士の個人的問題である」、「個人の能力はその成果ではかるべし」に至るまで、様々な論点がある「正義」の観点から提示され、それに反対すること自体が何か道徳的に不謹慎であるかのような雰囲気がでてくるのです。

注

1 大勢…世のなりゆき。
2 差配…とりしきること。
3 惹起…ひき起こすこと。
4 臨場感…実際その場にいる感じ。
5 臨在感的…天から下りてきてそこにいるかのようなさま。
6 アニマ…霊魂。

問 傍線部「空気の支配」とあるが、筆者はこの「空気の支配」がどのような仕組みから成り立っているると考えているか。その説明として最も適当なものを次の①～⑤の中から一つ選びなさい。

① 民主主義などの観念が世の中に浸透した戦後社会では、そうした観念に反対するものは悪であると見なされ、不道徳な思想と考えられる傾向が、戦前よりも強まり一種威圧的な状況が形成されてしまうことで成り立っている。

② ある権力を担っていると思われる人間が提起した価値観が絶対と見なされ、それに反対することは不謹慎だと判断され、そうした価値観に対して誰も反対できないような状況が形成されてしまうことで成り立っている。

③ その社会状況の中で正義であると思われた者がいつしか過剰な力を持ち、自らに都合のよい観念を振りかざし、それに従わない少数派の意見を、正しいことを認めないものとして否定し排除してしまうことで成り立っている。

④ 事実や現実を表現していない空しい言葉が、過激であるがゆえに人々の心情をあおり立てると、そうした言葉が実体化され、まるでそうした事実や現実が本当に存在するかのように人々が幻想を抱くようになることで成り立っている。

⑤ その社会で当然だとされている正義の観念があり、ある不適切な事態が生じれば、この正義の観点から問題が提起され、それに反対するのは悪だと見なすような情緒がその場を包括してしまうことで

成り立っている。

〔佐伯啓思《さえきけいし》『正義の偽装』（新潮社）による　オリジナル問題〕

一つひとつは短い段落ですが、この文章には9個の形式段落があります。でも前に書いたように、形式段落を一つひとつ切れ切れに読み進めていくのはあまり意味がありません。各段落の重い軽いも含めて、意味のブロックとして読み進めましょう。たとえば最初の三つの段落は、「空気の支配」とはなにか、が書かれているので、ひとまとめにしてよいでしょう。そこに書いていることはつぎのようにまとめることができます。

1〜3

I　現代社会の複雑な問題には自分で判断できないことが多いから、大勢に従う（＝「空気を読む」）。これが「空気の支配」というもので、それは〈その状況で惹起しているある種の情緒が臨場感をもってその場全体を包み込む状態〉なのである。

4から7までは「空気の支配」の具体例ですから軽く読んでいいです。ただしその中で具体的なイメージを作り上げていってくださいね。

で大事なのは8。なぜなら8冒頭に「ここで『空気の支配』のおおよその構造を知ることができるでしょう」と書いてあるからです。設問とも対応していますね。つまり「空気の支配」の成り立ちを、ここでまとめようとしているのです。

梅 POINT
文章の中のつながり（＝論理）を追うときには、同じことば、類似表現があるところをつないでいくべし。

問題になっているからというわけではありませんが、この文章のテーマは「空気の支配」です。なぜならそのことに関することがらがずっと問題になっているからです。すると「空気の支配」の「構造」をいうぞっ！という8は大事なはずです。それに傍線部ともつながっています。〈つながり〉＝〈論理〉を手がかりにするときです。また「そして」で8とつながっている9も意味のブロックとしてまとめて考えておくべきです。するとそこに書かれているのはつぎのようなことです。

> 8・9
> Ⅱ　社会を覆っている基本的な正義の観念があり、不都合な事態が起きるとこの観念が、その事態に関する問題を提示し、その提示したことに反対すること自体が悪いことであるかのような雰囲気が生じる。

この「雰囲気」は、傍線部の直後でいわれていた「ある種の情緒」です。なぜなら「雰囲気」というのはその場を支配するものでしょうし、この「ある種の情緒」も「その場の全体を包括」するからです。ものがいいたくてもいえなくなるのですから、「支配」という感じですね。なおかつもともと〈自分で判断できない〉のですから、この「雰囲気」と「情緒」に従うしかないわけです。「空気の支配」の完成です。

Ⅰと**Ⅱ**をつなげて読んでもらえばこの文章の要約にもなるでしょうが、とくに**Ⅱ**の内容が選択肢を選ぶ根拠になります。**Ⅱ**は、「空気の支配」の成り立ちをまとめたものだからです。それと、「どのような仕組みから成り立っているか」という設問文の中の「仕組み」ということばは、8冒頭の「構造」と対応することばだということも理解できましたか。設問文をよく読んでおいて、問題文の中にある、こういう設問文との類似表現に着目できると、答えも見えやすくなります。

なので設問のほうは、**Ⅱ**の内容と**Ⅰ**の「ある種の情緒」を関係づけて説明している**⑤が正解**。

①は、「戦後社会」に限定して説明しているのが、「これはけっして戦前で終わったことではないのです」（6冒頭）と×。これは「戦前」にもあったといっているのだし、事実「神国日本」というような例も出てきました。また「戦前よりも強まり」が問題文に書かれていません。②**チョイマヨ**は、場の「空気」を作り出すのが、「正義の観念」ではなく、「ある権力を担っていると思われる人間」になっています。「空気」はそうした個人が作り出すものではありません。③も、場の「空気」を作り出すのが「その社会状況の中で正義であると思われた者」となっていて、観念ではなく人間（個人）であるかのように説明しています。また「自らに都合のよい観念を振りかざし」とありますが、最初に存在するのは「社会を覆っている基本的な正義の

観念」ですから、これは一応社会が認めた観念であって、勝手に「都合のよい観念」をもち出せるわけではありません。④は、チョイマヨです。「言葉」の問題は観念の問題でもありますから、「空気の支配」を言葉による支配として説明しても間違いとはいえないからです。でも④には「空しい言葉が、過激であるがゆえに人々の心情をあおり立て」たとあります。でも、たとえば「鬼畜米英」という言葉が「過激であるがゆえに人々の心情をあおり立て」、その結果そうした言葉に支配されていった、というような内容は問題文には書かれていないことです。だから④は×です。

さて、ここまで、「根拠」をもつという〈**客観性**〉という大前提に立ち、その根拠とは**論理**（**＝つながり**）であることを踏まえ、そのつながりを、小さな単位（ミクロ）から大きな単位（マクロ）まで見てきました。大きな単位になればなるほど、つながりを見つけづらくなるのは当たり前です。

梅 POINT

広い視野を持つことを忘れずに、ミクロの視点と両立させるべし！

現代文の読解問題は、こうしたミクロのつながり、大きなつながり（時にはその両方）、が必ず手がかりになって作られています。そのつながりをどれだけ的確にたくさん見つけられるか、それがp.57からの「実戦編」の課題です。いつも「この設問は、問題文のこうしたつながりからできている」という意識をもって設問にアタックしてください。今はむずかしく見える文章も、みんなの読解力が上がり、語彙がふえ、論理を見ぬく力がアップすれば、やさしく見えてくるはずです。そして迷ったり、自分の解き方を見失ったりしたときは、この「はじめの一歩編」へいつでも帰ってきてください。そしてまた大事なことを確認して、最前線へ向かえばいいのです。

実戦編

読解の
ルールを踏まえて
総合問題に
アタック！

さあ、
ここからは
実際の入試を
意識しよう

文章の構造をつかもう

文章の中に論理（＝つながり）があることは「はじめの一歩編」で確認しました。そこには語句同士の小さなつながりもありました。しかし、やはり見つけるのがむずかしいのは問題文全体を貫く大きな（＝マクロな）論理です。「最初の意味のブロックと三つ目の意味のブロックとの関係は？」というような大きな視点でつながりを見ることはむずかしい。でも、それができるようになれば読解力がついたということになる。ここではそうした文章全体の構造を四つのパターンに分けて、それを読みとり、それに基づいて問題を解く方法を実戦していきます。いよいよこれからは「実戦編」ですからね。**大きなつながり（＝マクロな論理）の中に筆者のいいたいことが現れる**。このことを忘れずにがんばってください。

と盛り上げておきながら悪いんですが、問題を解く前に、みんなに、どうやって問題を解くかという自分なりのスタイルを身につけてほしいと思うのです。たとえば読みながら解くのか、一度最後まで読んでから解くのか？　どっちか一つを選べといわれれば、**僕は一度最後まで読んでから解くことを勧めます**。そのほうが文章全体が視野に入るからです。読みながら解くと、問題文の読解が中断されるし、またたとえば、まだ読んでないところに解答の根拠があるのに、それを見ないで、ただ単に今まで読んできたところに書いてあったことが書いてある選択肢を○にしてしまう、なんてリスクがあります。ただし時間が足りない人は意味のブロックごとに問題を解く（あるいは、つぎの傍線部のところまで読んで、前の傍線部の問題を解くとか）、

というのも仕方がないと思います。そのときはまだ読んでないところに根拠があるかもしれないと思うこと
と、全体の流れを意識すること、を忘れないでください。そして、つぎのポイントを忘れないでください。

梅POINT **選択肢問題は、すぐに選択肢を見ないで、問題文からヒントや正解の要素をつかみ、それを含んでいる選択肢はどれか…という積極的な方法で選ぶべし。それでも手がかりがつかめない場合は消去法*に転換すべし。**

梅POINT **消去法*で傍線部問題を解くときにも、単に問題文に書いてある・書いてない、という理由だけで○×にするのではなく、傍線部や設問の問いかけとマッチしていることを正解の基準にすべし。**

＊消去法…間違いや問題文に書いていないことを含む選択肢を消していって、正解を選び出す方法。

では、一応僕が勧める、「一度最後まで読む」というスタイルで、つぎのページに「現代文のお約束」を書いておきます。

「現代文のお約束」

学習する上でのこころがまえ

◆時間配分に注意

どんなにむずかしい文章でも、問題文の読解に時間をかけすぎてはいけない。もち時間の60％は設問の吟味に使おう。

◆二段階のチャレンジ

❶時間を決めて（一題平均25〜30分）、アラームを鳴らすとか、ホントのテストのつもりで解く。

❷その2、3日あとに、他人の立場に立ち徹底的に自分の解答にツッコミを入れて、なぜこの解答にしたのか、他人に説明できるようなチェックを行う。最初のテスト時間内にできなかった部分や、あとで書き換えた答えは青で記す。もとの答えは残しておく。

解法の手順

1 設問を見る

①傍線のない設問（趣旨判定以外）は**問題文全体を意識しよう**。相違点説明・分類分け・違うもの探しなどの設問は**対比を意識しよう**。

②脱落文補充・整序問題・正誤修正問題があるか、を確認しよう。時間がかかるので時間配分に注意！

③記述問題・抜き出し問題があれば、該当する傍線部の表現を覚えておこう。

2 〈大きな（＝マクロな）つながり〉をつかむ

テーマを読み取り、文章の大きな（＝マクロな）つながりと意味のブロックをつかもう。初読は最大でも10分で済ませる。わからないところは読み飛ばす。細かく読み過ぎない！ 可能ならば、頭の中でもよいから、テーマを20字程度でまとめる。

● 文構造の種類

イイカエ（p.64参照）

Aに傍線を引いて、もう一方の内容（A´）をもとに説明させたり、Aと同じ内容の部分（A´）を手がかりにしてAを説明させたりする設問が作られる。

A´＝A

A…言葉には複数の意味がある
＝
A´…言葉は多義的だ

具体（例）と抽象（まとめ）（p.72参照）

イイカエの〈つながり〉の変形バージョン。具体例（A）の部分に傍線を引き、Aを抽象化させたり、イコール関係にあるまとめ（A´）の部分の内容を問うたりする設問が作られる。

A（例）＝A´（まとめ）

A（例）…父は今日も残業だ
＝
A´（まとめ）…日本人は勤勉だ

対比（p.82参照）

二つの対照的なことがらを比べ合うのが対比。二つの違いを問う相違点説明や、同じグループにある語句の組み合わせを問う設問などが作られる。Aに関することが離れた所にもう一か所あれば、それをつなぐとイイカエの〈つながり〉が作られることにもなる。

〈B〉↔A

A…文学は主観を重んじる
↔
〈B〉…科学は客観性を重んじる

因果関係（p.90参照）

論理〈つながり〉のメイン。問題提起をした文章や「どうしてか」ということを追究した文章では、結果や事象（A）に傍線を引き、その理由（B）を問うという設問などが作られる。理由説明問題がある場合は、展開のある文章であることが多く、視野を大きくもち、論理的に整理していくことが求められる。

B（理由・原因）→A（結果）

B（原因）…産業革命
→
A（結果）…科学の発展

● 初読の際の具体的な作業

① 段落冒頭の接続語・指示語や段落間の共通語句をチェックし、段落同士の話題のつながり、境界・区分け（意味のブロック）を把握する。

② 対比（二項対立・日欧比較文化論・近代とほかの時代・筆者の意見とほかの意見や一般論との対立）をつかむ。できたら、対比関係にあることがらのどちらか片方を〈　〉で囲む。

③ 具体例は軽く読む。「このように・要するに・つまり」などで始まる〈まとめ〉の部分に傍線を引く。

④ 引用、比喩もイイカエ関係なので、具体例と同じように扱う。

⑤ 問題提起とそれに対する筆者の結論に傍線を引く。

⑥ 筆者の考えが強調されているつぎのような箇所や、繰り返されている内容に傍線を引く。

「もっとも大事なことは～」
「～こそ必要である」
「～しなければならない」
「このように（して）～」　＊まとめの表現
「～ではない（だろう）か」　＊打ち消しを伴う問い

注意点

・傍線は引きすぎないように。自分が大事だと思う箇所に傍線を引くのではなくて、筆者が大事だということを示している右のような箇所にだけ傍線を引く。
・漢字と分類問題・違うもの探しなどは初読のときに解いてもよい。

3 〈小さな（＝ミクロな）つながり〉をつかむ

設問ごとに、改めて問題文をチェック。

① 傍線部が、傍線部を含む文の中でどんな位置にあるか確認する（傍線部の主語は？ 述語は？）。

② 解法の手がかりを得るために、傍線部前後の**接続語**と**指示語**を意識する。

③ 傍線部の近く、あるいは遠くの**イイカエ関係**に注目する。

●傍線部問題の注目点

① 傍線部自体の意味・難解語の解読には語彙力が必要（内容説明問題ならその語句のイイカエを考える）。

② 傍線部やその前後の表現と同じか類似の表現をチェックして、それらと同じ表現のある箇所をつなぐ（内容説明問題ならイイカエ部分を考える。理由説明問題ならイイカエのある部分の前後に手がかりを探す）。

●空欄補充問題の注目点

① 空欄が、空欄を含む文の中で主語・目的語・修飾語・述語のどれにあたるか判断しよう。

② 空欄と前後の語との〈つながり〉を確認しよう。
③ 空欄の前後の文との小さな〈つながり〉を指示語・接続語で確認しよう。
④ 空欄前後の表現と同じか類似の表現をチェックして、それらと同じ表現のある箇所をつなごう。
⑤ 問題文全体や段落のテーマや筆者の立場、ことばづかいと合致するものを空欄に入れよう。

4 趣旨判定問題などを解く

趣旨判定問題は、間違いを見つけたり、問題文に書いてあるかないかを吟味したりする消去法でいいが、ほかの問題は自分でヒントや正解の要素をつかみ、それを含んでいる選択肢はどれか、という積極的な方法で正解を選ぶ。問題文に書いてあるから、という理由で単純に○にしてはいけない。

復習しよう

① 解説を読もう。
② 問題集に書き込むなら最初にまっさらな問題文をコピーしておいて、文章の全体の流れ（大きなつながり）を意識し、自分のことばでかみ砕いて読もう。
③ 声に出して誰かに説明するように、それぞれの設問の解きかたをもう一度確認しよう。
④ 語句を確認しよう。
⑤ 要約（100〜200字以内）をするのもよい。やったら誰かに見てもらおう。
⑥ 数学と同じで、同じ公式を違う問題で使えることがポイント。なので、今まで書いてきたようなルールを確認し、すぐに新しい問題にチャレンジしよう。

1 評論

文章の構造① イイカエを学ぼう

『脳が言葉を取り戻すとき』

別冊（問題） p.2

解答

問一 ア 冒頭 イ 複雑 ウ 表層 エ 環境 オ 熟達（2点×5）

問二 人間が言葉〜のである。（5点）

問三 4（5点）

問四 5（5点）

問五 1 A 2 A 3 A 4 B 5 B（3点×5）

ムズ 問一ウ・オ、問二

合格点 30点

／40点

学習ポイント

この講では、同じことが複数の箇所でイイカエられている構造を学習しましょう。**繰り返しているということは、その内容を強調したいから。**それが問題文の重要な内容＝いいたいこと・主張であることが多いのです。

イイカエ

A′＝A

A…言葉には複数の意味がある
＝
A′…言葉は多義的だ

この種の文章の設問は？ 片方の部分に傍線を引いて、もう一方の内容をもとに説明させたり、傍線部と同じ内容の部分を抜き出させたり、その部分を手がかりに空欄補充問題や抜き出し問題などが作られます。その際大事なのはつぎのことです。

梅POINT 傍線部やその前後、空欄前後と同様の表現・語句を見つけたら、傍線部や空欄とつなぐべし！ 解答のヒントになるかも。

問題文LECTURE

語句ごくごっくん

L1 **福音**…①イエス・キリストの説いた教え ②喜ばしい知らせ

L18 **分節**…物事を区分けすること。「分節化」も同じ

L21 **茫洋**《ぼうよう》…広くて見当がつかないさま

L29 **所以**《ゆえん》…根拠・証《あかし》

L30 **二次的**…あまり大事ではないさま≒二義的

L33 **表層的**…うわべのこと⇔本質＝ある物事を成り立たせている独自の性質

問題文は**L9**で「最初に言葉があった」というテーマを示し、そのあとで世界の二つの構造を示し、そのうちの「言分け構造」の重要さを、言葉のラベル貼りというもう一つの役割と比較しながら、論じています。テーマを示した部分を**Ⅰ**、比較がはじまる部分を**Ⅱ**とし、問題文を二つに分けて説明します。

読解のポイント

Ⅰ 世界の最初には言葉があった

・「ワンワン」と子供が犬を見てしゃべったとき、「犬」が初めてその子の前に「犬」として現れる

＝

・人間が世界を言葉で名づけることで、世界が意味をもち、人間が「人間」らしい存在になる

Ⅱ 世界の二つの「構造」

1 「身分け構造」…動物や動物としての「ヒト」にとって、世界が生命を維持していく点で有益か無益かで世界を分ける

⇔

2 「言分け構造」…人間としての「人」が言葉で世界を分け、真実や美という生命維持とは直接関係のない価値を生み出し、世界を豊かにしていく

⇔

3 言葉のもう一つの役割…既に存在しているものに、ラベルを貼るような二次的な作用もあるが、

それより、「言分け」によって世界を分け、世界に意味や価値を与えるほうが言葉の大事な役割になった。

ひとこと要約

言葉によって世界が作られ、動物だったヒトは人間になった。

I 世界の最初には言葉があった

問題文冒頭には聖書のヨハネ伝福音書の中の「太初《はじめ》に言《ことば》ありき……言は神なりき。」が引用されています。引用文はむずかしいことが多いですが、つぎのように考えてください。

梅 POINT
引用文は軽く読む。それよりも、「なぜこの文章を引用したか」についてコメントしてある前後部分に着目すべし。

この問題文で大事だと考えられる部分は、「ここには」で始まる ***L7*** の部分です。なぜかというと「ここには」という語は、そのあとにまとめの内容を引き連れていることが多いからです。そこでは「太初に言ありき」の意味を、「人間にとって言葉なくしてはこの世界は何の意味もなさず、言葉は人間の精神そのもの」だと解説しています。でもこういわれてもむずかしいですね。そこで筆者は親切に「最初に言葉があった（傍線部①）、とはいったいどういう意味であろうか」ともう一度解説していこうとします。こういう疑問形などで〈これからこういうことを語るぞ！〉という部分は〈**問題提起**〉の部分、といいます。そしてこういう部分があったら、つぎのことを意識してください。

梅 POINT
〈問題提起〉にチェック！　そして筆者のそれに対する〈答え〉を見つけるという意識をもつべし。

ではこの文ではどこにその〈答え〉があるでしょう？傍線部①だけではなく、傍線部の前で「太初に言ありき」は、言葉が「人間の精神そのもの」だと述べていることも一緒に考え合わせると、〈答え〉は、言葉と人間との関わりに関連しているな、と考えられるでしょう。すると「言分け構造」に触れ、世界は言葉で分けられる、ということを述べたあとの最後から二つ目の段落に、「最初から」(L44)という言葉があることに着目してください。そこには「世界」が先にあって、あとから世界に現れた人間がそれに対して一つひとつ名前をつけていったのではない、人間が言葉で名づけたから世界が現れ、その結果人間が「人間」(これは、「言分け構造」から考えると動物としての人間ではなく、〈言葉によって美とか世界の豊かさを手に入れた存在〉という意味です)になるのだと書かれています。たしかにこういうふうに考えれば、言葉が「世界」も「人間」も生み出したのだから、「言葉」が「最初」ですね。だから最後から二つ目の段落の内容を〈答え〉として、〈問題提起〉の部分とつなぐことができればナイスです。

Ⅱ 世界の二つの「構造」

世界には人間以外にも〈身体〉をもった「動物」がいます。でも「動物」や言葉をもつ以前の人間(=「ヒト」)は、自分の「本能」で世界を感知しています。そのときのポイントは、自分の生命を維持していくのに、この世界は「有益であるか無益または害になるものであるか」(L15)だけです。これが「身(=からだ)分け構造」。

一方、言葉をもった人間(=「人」)は、言葉を通して世界と関わります。たとえば子供が「ワンワン」という言葉を発したとき、今まで自分の周りの風景の一部に過ぎなかった〈毛むくじゃらの4本足で歩き、ワンと鳴くもの〉は「ワンワン」として出現し、他の「ワンワンでない物」(L24)と「ワンワン」に世界が分けられていきます。これは誰か昔の人が初めて〈毛むくじゃらの4本足で歩き、ワンワンと鳴くもの〉に「犬」と名づけたことと同じです。言葉を一つひとつ覚え、こうしたことを繰り返していけば世界は細かく分けられていきます。そしてそこでは、〈これは美しい〉とか美しくないとか、一つひとつの事物に価値や意味が与えられていくわけですから、世界は価値や意味に溢《あふ》れた豊かな世界になるでしょう。これは「言分け構造」と呼ばれる世界のもう一つのしくみです。

一方私たちにとっての言葉の役割は、「人形」に「リカちゃん」とか名づける、「ラベル貼り」の作業がすぐに思い出されます。ですが、そうしたすでに「人形」という〈名づけ〉がされているものに固有の名前をつける〈名づけ〉を、筆者は「二次的」(L30)で「表層的な役割」(L33)だと述べ、「前者」(L33)(＝「言分け構造」)のほうが「本質」だと述べています。なぜなら自分の世界を区分けし、価値や意味を与え、さらに社会に「独自の文化」(L34)をもたらすからです。その例として「イヌイット」のことが挙げられています。彼らはたくさんの雪に関わる言葉をもっている。それゆえ「雪の状態を細かく正確に認知」(L39)できる。また色を表す名詞があまりない言語使用者は色の識別能力が劣る。すると言葉を多くもつ人のほうが色彩感あふれる世界が見えるということです。だからやはり言葉が世界を作ってる。「太初(はじまり)」は「言(ことば)」なのです。そして言葉を使うから、言葉で色彩の美を感じることができるから、「人間」であり、「人間」の出発点は「言(ことば)」なのです。

テーマ 言語1

言葉は日常私たちが使っているもので、空気みたいなものですからあまり意識したことがないかもしれません。でも、私たちが考えるよりも、これは結構すごいものかもしれません。なぜなら言葉がなかったら、私たちは単にコミュニケーションができないだけではなく、たとえば「こいつは犬なのか猫なのか」ということさえわからなくなるかもしれないからです。私たちが世界を知るには言葉が必要なのです。そして問題文からもわかるように、この世の中に〈犬〉という存在を成立させているのも言葉なのです。まだ〈犬〉という言葉がないときに、毛むくじゃらでワンと鳴くものを誰かが〈犬〉と名づけたことで、みんなが「あれは犬だ」とわかるようになったのですから。

一方言語は人間に思考をもたらし、文化を形成します。それゆえ共通の文化をもつ人々は、共通の言語をもつことが多いのです。ですからかつての植民地主義では、被植民地を支配し、その国の文化を破壊するために、植民地国家が自国の言語を植民地に強制(例：日本による朝鮮・台湾に対する日本語教育の徹底)したりすることがありました。言語は国家や政治と結びつく側面ももっているのです。

設問LECTURE

問一

解答 ア冒頭　イ複雑　ムズ ウ表層　エ環境

ムズ オ熟達(＝よく慣れて上手になること)

問二 「問題文LECTURE」に書いたように、傍線部①は、傍線部の前で「太初に言ありき」に関し、言葉がなくなれば「この世界は何の意味もなさず」、言葉は「人間の精神そのもの」だと述べていることと一緒に考え合わせるべきです。なぜなら傍線部「最初に言葉があった」と「太初に言ありき」とは同じ意味だからです。すると傍線部は、言葉と人間、そして言葉と世界との関わりに関連しているな、と考えられるでしょう。そして設問は、傍線部と同内容の部分を抜き出すことを求めているので、解答の条件としては

> **a 傍線部のイイカエやニュアンスを示していること**
> **b 言葉と人間の関係を示していること**
> **c 言葉と世界との関係を示していること**

です。そこで問題文を見て、L44に「最初」という言葉があることに着目してください。p.64に書いてある梅POINTのように、**傍線部と関連する箇所を見つけるには、傍線部や傍線部の前後にある言葉と同様の言葉があるところに注目する**のでしたね。

そしてそこには、「世界」が先にあって、あとから世界に現れた人間がそれに対して一つひとつ名前をつけていったのではない、〈**人間が言葉で名づけたから世界が現れ、その結果、人間が「人間」になるのだ**〉と書かれています。よって右の〈　〉の内容を述べている**最後から二つ目の段落の末尾の一文が正解**。aの条件を満たしていないようですが、「言葉で名づけたことによって世界が……立ち現れ、その結果、人間が『人間』として存在する」というのだから、「言葉」が「最初」という意味は示されているのです。もちろんb・cの条件はクリアしています。「言分け構造」について書いた部分から解答を探そうとした人も考え方はナイスですが、残念ながら字数条件に合う文がありません。ちなみに**「一文」とは「。」**(句点といいます)**」のあとから、次の「。」まで、**です。

ムズ **解答** **人間が言葉 ～ のである。**(65字)

問三 「ワンワン」と呼ばれたものは、子供にとって前から目に映っていたが、「ワンワン」と呼ばれることで、「外界から」「意味を持った存在として切り取られ」(L23)たのです。そのあとの部分に「と同時に、『ワンワン』と『ワンワンでない物』とが分けられる」(L23)とあるので、

正解は4です。「ワンワン」は犬一般を指しているので、**1**「特殊な犬」、**2**「吠えかかる犬」、**3**「かけがえのない一匹」ではありません。また傍線部に「『ワンワン』、すなわち犬の存在」とあるし、設問でも「犬の存在」の説明を求めているので、この傍線部の「ワンワン」は「言葉」ではありません。だから**5** チョイマヨ は×です。たしかに他の問題文のなかでは「ワンワン」＝言葉、として説明されている部分もあります。でも傍線部では違います。だから設問でも「ここで」と問うているのです。

梅POINT 傍線部問題は傍線部の内容・表現がすべての出発点。それにきちんと対応している選択肢を選ぶべし。

解答 4

問四 これは傍線部③直前の「すでに存在している事物や観念にラベルを貼る」作業のこと。つまり「人形」は「人形」とすでに名づけられ、「人形」以外のものと分けられているので、**問三**の「ワンワン」とは違うことをまず理解してください。つまり「言分け」はもうすでに終わっています。すると**1**〜**3**は「言分け」だから×です。**4** チョイマヨ の「気づかなかった意味を発見する」も「意味を与えていく」(L25)という「言分け」の内容を含んでいます。なので**正解は傍線部直前や傍線部自体と対応している5です**。

解答 5

問五 内容合致問題（＝趣旨判定問題）は消去法でやるしかありません。読点（、）で区切られたブロックごとに問題文との対応を確認し、そのブロックごとのつながりかたが正しいか（たとえば問題文にはない因果関係が選択肢にはあるとか）も確認しましょう。

1 「動物として生命を維持していく」のは、動物全般に見られる「身分けの構造」。「言葉」は人間だけの「言分け」に関わるので、「別次元の事柄」です。よって**1は正しいのでA**。

2 最後から三つ目の段落(L37)の最後にある「色」の話題の内容と対応しているので、**A**。

3 「外界を意味の豊かな世界として認識する」のは「言分け構造」によるもので、「身分け構造」によるものではありません。よって正しい内容を述べているので、

A。

4 筆者は「ヒト」という書き方で、「動物の一種としての『ヒト』」（L13）を示し、言葉によって世界を豊かにする人間を「人間」として示しています（L26～L29）。だから二つの区別には「言葉」が関係します。なので**4は×でB**。

5 「イヌイットの名詞を取り入れ」て「日本語をより豊かにしていく」などという内容は問題文に書かれていません。**B**です。

解答　**1** A　**2** A　**3** A　**4** B　**5** B

最初の問題はどうでしたか？〈言葉〉もなかなか奥深いもんでしょ。そしてこれは中央大学の問題。できた人は自信をもってチャクチャクと進化してください。

2 評論

文章の構造❷ 例とまとめを学ぼう

『「認められたい」の正体　承認不安の時代』

別冊（問題） p.10

解答

問一	5	9点
問二	自己の存在価値が下落することへの恐怖	9点
問三	3	9点
問四	4	4点
問五	4	9点

ムズ 問二、 大ムズ 問四

合格点 27点

/40点

学習ポイント

例を挙げることで理解しやすくするということは、みんなも友達と話すときや小論文を書くときにしているでしょう。そうしてそれをまとめたり、なぜこの例を持ち出したかを述べる部分が例の前後に来る、という構造をもつのが、この種の文章です。

たとえば、ラーメンは麺類の一例で、麺類はラーメンなどを〈まとめ〉ています。すると「ラーメンは麺類だ」といえるので、〈ラーメン〉＝〈麺類〉です。だから〈例〉イコール〈まとめ〉なので、〈例とまとめ〉は〈イイカエ〉の変形なのです。つまり同内容の繰り返しですから、例の部分は軽く読んで、例とイコールになっている〈まとめ〉の部分＝繰り返されている部分、を大事にしてチェックするという習慣をつけましょう。

例とまとめ

A（例）
＝
A´（まとめ）

A（例）…父は今日も残業だ
＝
A´（まとめ）…日本人は勤勉だ

この種の文章の設問は？

〈イイカエ〉の文章構造の変形なので、〈イイカエ〉の文章と同じような設問になりますが、そのほかに、具体例の部分に傍線を引き、具体例をまとめさせたり、まとめの部分の内容を問うという設問などが作られます。そうしたときは、〈例とまとめ〉がイコールであることを踏まえ、互いを手がかりにして解答を考えてください。

問題文LECTURE

語句ごくごっくん

L13 **齟齬《そご》**…食い違い

L17 **呪縛《じゅばく》**…心理的に、他人の心の自由をうばうこと

L19 **閉塞《へいそく》**…閉ざされ、ふさがること

L35 **卑屈《ひくつ》**…品性が卑《いや》しく、他人にへつらったり自分を卑しめたりすること

L46 **固執《こしつ》**…自分の考えなどにこだわること

問題文は、1仲間・2学校、に触れながら、学校に関しては具体例を挙げて、生徒の心理を示しています（「学校」自体が「仲間」関係の例だと見なす読み方もOK）。なので問題文を「仲間」と「学校」の二つの部分に分けて見ていきましょう。

読解のポイント

1仲間
・仲間集団においても「ありのままの自分」を隠し、身近な人に認められたいと考える傾向が見られる
↓
・明確な価値などを認められるのではなく、その場の空気に左右される承認＝「空虚な承認ゲーム」

2学校
・思春期の若者が通う学校では「空虚な承認ゲーム」が常に行われるが、現代では「スクール・カースト」という、グループの階層が存在するため、自分の価値を下げたくないと思い、必死に自分の所属する上位のグループに残ろうとする傾向が見られる

（例：Hさん）

・こうした身近な人に認めてもらいたいという狭い範囲の人間関係にこだわる傾向は、若者が社会人になっても見られる

ひとこと要約

自己の価値を気にして、身近な人がどのようなかたちであれ、認めてくれることを願う若者たち。

Ⅰ 現代の仲間（冒頭～*L*14）

ふつう人間は誰だって、「ありのままの自分」を認めてほしいはずです。しかし悲しいことに日本社会では「ありのままの自分」を隠さないと、「仲間の承認」をゲットすることができません。「自分の本音」を隠し、他の仲間の言動に同調する。リーダー格の人間の気分で変化するという見えないルールを敏感に察知し、つまり空気を読んで、仲間の求めているものをはずさないように気をつける、っていう疲れる関係、これが現代の仲間、なのです。

たしかにこうした関係を通して、仲間に認められるのでしょうが、それは〈お前には仲間の中でこうした役割がある〉とか、「価値のある行為」をしたからとか、「愛情や共感」とかによって認められたわけではありません。ただその場の「空気」というつかみ所のないものによって、その人は認められたのです。なのでそれはある種の空しさを伴います。だから筆者はこうした認め合いを「空虚な承認ゲーム」（*L*8）と呼んでいるのです。

でもどうしてこんな「ゲーム」をしてまで、人々は認められたいのでしょう？　そのことについて筆者は、人々が家族や仲間に自分が受け入れられているのか、ということに関して「強い不安」に襲われるからだ、と述べています。認められないんじゃないかという不安があるかぎり、たとえ偽りの自分でも、それを演じて周りの人間に認められようとするでしょう。するとそこには、あの「空虚な承認ゲーム」が登場します。そしてそれは認められた、と感じても、もともと確証のあるものではなく、「空虚」なのですから、〈やったぁ！〉という快感はなく、自分に関してどこかしっくり来ないものがあります。なんかすっきりしない感じ、それを筆者は「自己

不全感」(L13)と呼んでいます。この言葉はむずかしいですが、今述べたような感覚として理解してください。それはあまりいい感覚ではありませんが、関係がうまくいかなくなって、私はダメだという「自己否定的感情に襲われ、絶望的な気持ち」になるよりは、はるかにましなのです。

Ⅱ 現代の学校と若い世代の傾向（L15〜ラスト）

「空虚な承認ゲーム」が最も目立ったかたちで見られるのは、「思春期における学校の仲間関係」、つまり中学、高校などの仲間との関係だと筆者はいいます。以前なら学校の仲間は家で嫌なことがあったときなんかに、「ありのままの自分」を受け入れてくれる「安息の場所」でした。でも今は家族と同様、「ありのままの自分」を隠して振る舞う場所になってしまいました。思春期というのはまだ自分の場所を選べるような社会的な広がりをもつことができない年代ですし、「生活のほとんどは家庭と学校の往復」(L20)で、友達も学校に限られ、生活の大半を学校で過ごします。とすればその中で認められなければ、生きていく場所がなくなってしまいます。だから学校での「承認ゲーム」はとても重要になってきます。

しかも現在の学校の仲間集団には「一定の階層（身分制度）」があって、認めてくれる人が誰でもいいわけではない。この「身分制度」は「スクール・カースト」と呼ばれ、生徒は「自分の属するグループの仲間階層以外」は友達ではなく、そういう人たちに認められても意味がないと思ってる。

その例として挙げられているのが「中学二年の女子H」さんです。彼女は「クラスのなかで一番上のグループ」に属していましたが、仲間はずれにされ、精神的につらくなってしまいました。そんな彼女を受け入れようという他の生徒がいるのに、Hさんはその子たちには「話しかけんな！」という拒絶的な態度を取る。そして自分を排除した、憎いはずのもとのグループの生徒にはご機嫌を伺うような卑屈な態度を取るというのです。

どうしてなのでしょう。この例について**まとめ**、筆者が見解を述べているのが第10段落（L41〜）です。今回は〈**例とまとめ**〉という講ですから、この第10段落を押さえることは大切です。ではそこにはどんなことが書かれているでしょうか。Hさんは「自己の存在価値が下落することへの恐怖」(L41)を抱いていると筆者は考えています。ひとりぼっちの「孤独」がつらいなら、他の仲間の誘いを受ければいい。でもHさんがそうしないのは、彼女が「クラスのなかで一番上のグループ」にいたからです。他のグループの生徒と付き合えば、自分のランクが下がったことになる。「自分の存在価値が落ちる、それだけは避けたい」と思うから、どんなに苦しくても、また「偽りの自分」を演じて、もとの仲間に認めてほしいと思う。そしてまた「空虚な承認ゲーム」を繰り返す。これが思春期における学校の仲間関係の実態です。

先にも書いたように、思春期の中学生くらいの年齢では幅広い人間関係をもつことはできないため、身近な人間に承認してもらいたいと「固執」するのです。

そしてこうした身近な人に認めてもらいたいという感覚は、思春期という範囲を超えて、「若い世代を中心に広く見られる傾向」であると筆者はいっています。その理由は書かれていませんが、大学生や社会人になっても見知らぬ他者からも認めてもらいたいという方向に向かわないのが、現代の若い世代の特徴なのです。

テーマ　現代社会＝情報化

今回の文章は現代社会の若者の人間関係について述べたものでした。現代社会は大きな変化に直面していますね。その変化自体、あるいはその原因、そしてこの社会の行き着くところ、などについて考えられたことがらが、入試の現代文に顔をのぞかせます。その代表的な内容として〈情報化〉が挙げられます。

私たちはインターネットなどのメディアによって情報をゲットし、その情報を人々と交換する情報化社会に生きてます。そうしたメディアによって多くの情報やものの見方を知ることができます。しかしその反面、情報が多すぎてどれが本当かわからなくなったり、自分たちの個人情報がいつのまにか他人に伝わっていたりします。そうした情報を、個人もそしてそれを受け渡された企業なども一生懸命管理しようとして、私たちの社会はいつの間にか管理の厳重な「管理社会」という息苦しい社会になっています。この「管理」って囲いこむことですから、そこには囲いこまれる人と囲いこまれない人（＝排除される人）が作り出されます。だから「管理」と仲間からはずれたら大変だという現代人の意識はどこかでつながっているともいえるでしょう。現代社会の息苦しさはこうした情報化や管理によってもたらされているのです。

2

設問LECTURE

問一 「空虚な承認ゲーム」とは、「ありのままの自分」を隠し、とにかく身近な人に認められたい、というものでした。それがなぜ「思春期における学校の仲間関係」で目立つのでしょうか。問題文の第5段落に着目すると、思春期の生活はほとんど「家庭と学校の往復」（**a**）で、「交友関係も同級生やサークル（＝部活）の仲間に限られている」（**b**）と書かれています。そのためその仲間からはずされれば行き場がなくなります。なので生徒は必死に仲間には「本音」を出さず、「偽りの自分」を演じる「空虚な承認ゲーム」をしなくてはならないのです。だから「目立つ」。

すると、「学校の仲間関係」において「空虚な承認ゲーム」が目立つ理由は、生徒の生活が**a**・**b**ゆえに「承認ゲームが重要なものになってくる」（**c**）からだ、といえます。なので**正解は5**。「思春期の若者は多くの時間を学校で過ごし」が**a**と、「交友関係も必然的に学校の仲間に限定される」が**b**と、「その仲間に認めてもらうための努力が大きな意味をもつ」が**c**と対応しています。

1は前半も後半も問題文には書かれていません。とくに「グループの仲間であっても考え方にズレが生じるのは当然だから」などということはどこにも書かれていません。**2**は「学校という場では、先輩・後輩といった上下関係が非常に重視される」という部分が問題文にナシ。**3**は「同じ種類の不安や悩みを共有できる仲間が見つかりやすい環境が生まれるから」という部分が問題文にナシ。それに「仲間が見つかりやすい」のなら、「空虚な承認ゲーム」をする必要もないでしょう。**4**は「見知らぬ他人などどうでもいいと考える人も少なくない現代社会」という部分が問題文にナシ。*L***49**に「同じクラスにいても『見知らぬ他者』と同じ」と書かれていますが、**4**自体の中でも学校と「現代社会」は区別されているので、クラスの様子を説明した*L***49**を根拠にして「現代社会」を**4**のように説明することはできません。 **解答 5**

問二 「誰もが自分の属するグループの仲間以外は、友だちの対象とは見ていない」ということと傍線部③のようなHさんの行動は一致しますね。つまり傍線部とHさんの例は同じです。すると傍線部と例との間にイコール関係が成立しますから、〈**例とまとめ**〉の関係があるといえます。なので設問の「こうしたあり方の根底にある心理」とはHさんの心理だとわかります。そしてもう一つ、これも先の「問題文LECTURE」で述べましたが、Hさんの例が終わったあとの第10段落が、Hさんの例をまとめた部分でした。つまりHさんの例をはさんで、傍線部②（まとめ）＝Hさん（例）＝第10段落（まとめ）、というサンドイッチのような構造がここにはあるといえます（**このサンドイッチ構造はよく出てきますから、例が登場したときには意識してください**）。

そこで第10段落に着目すると、冒頭に「自己の存在価値が下落することへの恐怖」（L41）という18字の表現があります。「恐怖」ですから「心理」という設問条件も満たし、解答箇所の前の「根幹」という表現も設問文の「根底」と対応します。なので**正解は「自己の存在価値が下落することへの恐怖」**。

同じ第10段落の「自分の存在価値が落ちる」では字数が足りないし、「存在価値が落ちる、それだけは避けたい」チョイマヨという抜き出し方では、何の「存在価値」かわかりません。また「自己否定的感情に襲われ、絶望的な気持ち」（L14）チョイマヨなんかも、文法的にまとまってない（「襲われ」は連用形ですから、「気持ち」という体言・名詞ではなく、「～気持ちになる」につながるのです）ヘンな日本語になっていますね。

梅 POINT　抜き出し問題の答えは、抜き出した部分だけで文法・意味ともにきちんとまとまることが重要と心得よ！

また「心理」とあるので「あえて交友関係を広げまいとする心理」（L48）チョイマヨを答えにした人もいるかもしれません。でもこれは「根底」にある「心理」ではありません。なぜ「広げない」の？ともう一つツッコミが入れられます。そのツッコミで、「自分の価値が下がるのが恐い」から、という解答箇所の心理が明らかにされます。だから解答箇所のほうが「根底にある心理」です。「自己の存在価値が下落することへの恐怖」→「あえて交友関係を広げまいとする心理」という順序です。「あえて交友関係を広げまいとする心理」は、解答箇所のもう一つ上の層の「心理」で、ほんとの根っこにある「心理」ではない。またこの部分はほとんど傍線部を言い換えたものにすぎないことに気づけると、もっと傍線部を掘り下げた「根底にある心理」を説明した語句に行き着けるでしょう。

ムズ **解答** **自己の存在価値が下落することへの恐怖**（18字）

問三 Hさんの心理については**問二**で探りました。**問三**はHさんが他の子を「拒絶」する理由を問うていますが、Hさんにとっては「孤独」であることが問題なのではなく、一番高いレベルのグループに戻ることが自分の価値を落とさないために必要なことでした。なのに話しかけてくる人たちは前のグループよりレベルの低い人たちなのです。ですから**その人たちはHさんが仲良くしたい人たちではありません**（**a**）し、「身分が低いグループと付き合えば自分の存在価値が落ちる」（L43）と思ってしまうのです。つまりHさんにとって話しかけてくる人たちは自分の価値を下げる人であり、言い換えれば**Hさんにとって仲良くなっても価値や意味のない人なのです**（**b**）。だから傍線部のように「強く拒絶」するのです。すると**正解は3**です。「自分が仲間として認めない」という部分が**a**と、「どうでもいい存在でしかなく、無意味」という部分が**b**と対応しています。

1は「他の級友を拒絶」しているのを「演技」だとしている点がまずおかしい。Hさんは、自分の価値を守るために真剣に拒絶しているのです。また演技によって「元のグループに戻りたいという意志を示そうとしている」とは問題文から判断できないので×。**2**も「他者を蔑《さげす》んだり、排除したりすること」が「排除されたときの悔しさを晴らす」ことにつながるとは問題文から判断できません。またHさんは自分の存在価値が低くなることを恐れているのであって「排除されたときの悔しさを晴ら」したいわけではありません。**4**は問題文にまったく書かれていない、完璧アウトです。**5**は、「関心のない者はみな風景と同じであり」という部分がおかしい。「風景」とは気がつかないようにして存在しているもの、あるいは人間にはどうすることもできないものという意味でしょう。ならば気にもならないはずです。だったら「強く拒絶」する必要がありません。傍線部のHさんの態度に反していますし、やはり「風景と同じ」だという根拠が問題文にありません。

解答 **3**

問四 これは語彙問題。空欄**a**の主語である「彼女たち」は「Hに限らず」とその前に書かれているので、Hさんはもちろん入っているはずです。このことはHさんが、第5・第6段落で述べられている思春期の生徒の例であることからもいえます。Hさんは「自分が属しているグループ」のときも「空虚な承認ゲーム」をしていました。またグループからはずされたあとも一生懸命元のグループにはご機嫌を伺うような態度を取っていたことが傍線部③のあとに書かれています。ですから空欄には、Hさんたち（＝「彼女たち」）は「自分が属しているグループ」の人には「労力を使って関係を維持すること」に〈**必死だ、一生懸命になっている**〉という意味を表す語句が入ればいいと推測できるでしょう。そこまで考えられたらOK。あとは言葉を知っているかどうかです。ここには**4の「汲々《きゅうきゅう》」が入ります**。「汲々」は〈ゆとりなく一つのことだけにつとめるさま〉をいう言葉ですから、空欄の文脈にピッタリです。**1**「悄然《しょうぜん》」は〈元気がなく、しょんぼりとしているようす〉、**2**「粛々」は〈おごそかで静まりかえっているさま〉、**3**「敢然」は〈思い切って行うようす〉、**5**「憮然《ぶぜん》」は〈失望して心の沈むようす。また、どうにも仕様がないと感じ、沈黙しがちになるようす〉、です。

大ムズ 解答 **4**

問五 一つひとつ選択肢を見ていきましょう。

1 「大勢の人々から承認されることを内心では望み」が×。傍線部③のHさんのとおり、現代の若者は「あえて交友関係を広げまい」(L48)とするのです。また「現代の若者は、非常に危険な状態にある」などと筆者はいっていません。

2 「本当の自分を受け入れてくれる仲間……を手に入れてしまう」というと、現代の若者は「本当の自分を受け入れてくれる仲間」をゲットできることになります。でも「思春期における多くの仲間関係は、本音をさらけ出せる場所ではなく、『ありのままの自分』を抑制せざるを得ない」(L18)のです。「『偽りの自分』を演じてしまうことすら嫌だと思わなくなる」というのも問題文には書かれてません。

3 チョイマヨ 「自己不全感がつきまとう」ことも、「積極的に交友関係を広げようとしない若者が近年目立ってきている」ことも、問題文に書かれています。でも「自己不全感がつきまとう」〈ため〉、「積極的に交友関係を広げようとしない若者が近年目立ってきている」というつながり（原因と結果の関係＝因果関係）は問題文にはありません。

梅POINT 趣旨判定の問題では、選択肢の中の因果関係が問題文と一致するかチェックすべし。

4 「ありのままの自分」が受け入れられないことは、「本当の自分を偽って家族や仲間に同調し」(L12)というふうに書かれているので、「家族」にもあるのです。よって**4が正解**です。

5 かつて学校の仲間関係に「ありのままの自分」を受け入れてくれる安息があったことは、第4段落に書かれています。ですが、「現代の学校に見られる閉塞した事態を打破するため」に、「学校の仲間関係を、かつて存在したような、『ありのままの自分』を受け入れてくれる安息をもたらす関係に変える必要」がある、などと筆者は述べていません。よって×です。

解答 4

3 評論

文章の構造③ 対比を学ぼう「メリュジーヌの子孫たちと」

別冊（問題） p.18

解答

問一	ア 戯曲 イ 露骨 ウ 失墜	2点×3
問二	a 2 b 5 c 4 d 1	3点×4
問三	人間と自然とのあいだには、決定的な障壁などはないという自然観。	5点
問四	4	5点
問五	1 5	（順不同）6点×2

ムズ 問一ア・ウ、問二a・b・c、問五5

合格点 25点

/40点

学習ポイント

対比

二つの対照的な（違いが目立つ、正反対の）ことがらを比べ合うのが対比です。

〈B〉⇔ A

A…文学は主観を重んじる
⇔
〈B〉…科学は客観性を重んじる

Aに関することが離れた所にもう一か所あれば、それをつなぐとイイカエの〈つながり〉が作られるので、**対比とイイカエが一緒に登場する文章も多いです。**

この種の文章の設問は？

二つの違いを問う相違点説明や、同じグループにある語句の組み合わせを作らせたり、反対の部分を手がかりにさせる空欄補充などが作られます。傍線部問題では、傍線部とイコールの内容を探すことが基本ですが、**傍線部と対比的な内容を探すことが有効な場合もある**ので覚えておきましょう。

対比の種類

二項対立…たとえば工業社会と農業社会とか。

日欧比較文化論…たとえば日本語は非論理的な言語⇕欧米語は論理的。

近代と他の時代…近代は科学技術の進歩に支えられた時代だが、自然破壊をもたらすなど問題も多い時代で、現代にもそのマイナス面は残っている。そこで他の時代と比べ、近代を乗り越えるためには?というテーマが語られる。そのとき近代と他の時代が対比されて登場する。〈近代〉ということばが出てきたら、〈対比〉かも?と思うべし!

筆者の意見と他の意見（一般論）との対立…一般的な考え方を挙げ、それを筆者が打ち消したり、批判する、というパターンの文章。

問題文冒頭部では、よく「一般論（常識）→逆接の接続語→筆者の意見」という対比が見られます。

また常識や一般論との違いが筆者のいいたいことであることも多いので、このタイプの文章は多いのです。さらに筆者にとってなにがプラスでなにがマイナスかをとらえることも大事ですが、対比関係の中にそうした筆者の立場を読むことができる場合があります。

そして、対比されるもの同士は、なんらかの共通性や共通のレベルにあるから比較されるのです。「今日はラーメンにしようかなゲタにしようかな」とかいったら、わけわかんないですね。それは比べる前提となる共通性がラーメンとゲタにないからです。むずかしくいうと「対比」とは、〈共通性を前提とした違い〉だということを覚えておいてください。

問題文LECTURE

語句ごくごっくん

L17 **自然観**…自然に対する見方

L26 **隷属**…他のものの支配下にあること

L30 **恩寵**《おんちょう》…（神が与える）めぐみ

L50 **指称**…あるものを指して呼ぶこと

L52 **嘲笑**《ちょうしょう》…あざ笑うこと

問題文は典型的な日欧比較文化論です。ただしヨーロッパと日本に同じ面があったとも述べています。対比構造に従い、問題文を四つに分けて見ていきましょう。

読解のポイント

○メリュジーヌ伝説の時代のヨーロッパの考え方

＝

人間と自然のあいだに壁はない

＝

日本の伝統的な考え方

⇔

●現在のヨーロッパの考え方

＝

自然を利用するだけ、また異人種を劣ったものだと見なす

＝

現代の日本も近い

ひとこと要約

自然と一体化した文化を取り戻せ。

つまり日本対西欧というより、かつてのヨーロッパや日本VS現代のヨーロッパや日本、となっている文章です。対比を中心に、内容を見ていきましょう。

Ⅰ かつてのヨーロッパの自然観（冒頭〜L24）

今から八百年前のヨーロッパの伝説「メリュジーヌ伝説」では人間と蛇が結婚する。つまり人間と自然、妖精や魔物、そうしたものとの間には「決定的な障壁」(L24)はなかったのです。

Ⅱ 現在のヨーロッパの自然観（L24〜L34）

でもいつからかヨーロッパ人は、キリスト教の影響か、聖書にある「天地創造」の話に従って、「人類と生物とのあいだには」、「区分があり」(L25)、人間が「支配者」、他の生物は「隷属者」だという「階層秩序（＝序列）」があると論じるようになりました。それだけではなく、白人が一番優れた「人種」であり、肌の色で違いがあると考えはじめました。

Ⅲ 日本の伝統的な自然や異種の人間に対する態度（L35～L45）

そうした現代のヨーロッパとは違い、日本にも「メリジューヌ伝説」と同じように、人間が人間以外の動物と結婚する「異類婚姻譚《こんいんたん》（「譚」は話、という意味）」である「蛇女房」などがあります。そして「異種の人類」に対しても「客人《まろうど》」としてもてなし、「敬意を表し」(L42)てきました。筆者はそのことを素晴らしいことと考えているので、ヨーロッパの友人に、現代のヨーロッパとは無縁な日本のありかたを誇らしげに語り、ヨーロッパの自然観や人間観を批判します。

Ⅳ 現代の日本（L46～ラスト）

でもそんな日本人が、いつのまにか「自然を毀《こぼ》ち（＝こわし）」、「環境を汚染」(L47)するようになってしまった。外国人への接し方にしてもあやしい。もう現代ヨーロッパのありかたを笑えない。筆者は日本人が伝統的な自然観や人間観を取り戻し、そしてヨーロッパも「メリュジーヌ伝説」の時代の考えかたを取り戻し、互いが「経済や文化の摩擦」を乗り越える道を探るべきだと考えます。

テーマ 日欧比較文化論

日本と西欧との違いとしてはつぎのようなことがよく挙げられます。

	日本	西欧
自然観	自然との一体感	自然と人間との距離
時間	春夏秋冬のようにめぐる円のイメージ（四季のある自然などの影響）	未来へと直線的に延び進歩していくイメージ（世界は始まりから終末にいたるというキリスト教などの影響）
社会のありかた	共同性・画一性を求める集団主義	個人の自立を重んじる個人主義

設問LECTURE

問一 今回の漢字問題ははっきりいってムズイです。ムズムズ。**ア**「戯曲」は〈演劇の台本〉のこと。**ウ**「失墜」は〈信用や権威、価値などを失うこと〉。

解答 ムズ **ア 戯曲**　**イ 露骨**　ムズ **ウ 失墜**

問二 この空欄補充問題もむずかしいです。まず選択肢の語句の意味を確認しましょう。

1 偏狭…（心などが）狭いこと。
2 意匠…工夫をめぐらすこと。
3 放縦《ほうじゅう》…気まま・わがまま。
4 畏敬…偉大なものに対する畏れと敬いの気持ち。
5 摂理…（神が作った）自然界を支配する法則、道理。

これらを踏まえた上で、各空欄部の文脈を考えます。

[a]は「メリュジーヌ伝説」が「いろいろ」な形で「語られた」という意味だと推測できるでしょう。**2「意匠」**を入れると、さまざまな工夫がそれぞれ施されて語られた、という意味になり、スムーズな文脈ができあがります。**3**「放縦」は否定的な意味なので、[a]の前の「興味をもっている」という「メリュジーヌ伝説」を評価する筆者の立場に合いません。

梅 POINT
空欄補充は原文を復元する作業なので、前後の語句がスムーズにつながることを意識すべし！

[b]は**「神の恩寵」という語と並列です（A）**。なおかつ「恩寵」と「[b]によって」、人類が「最高位をしめ」るという世界の構図が決まったのです。だから[b]は**世界のありかたに関係がある（B）**。この二点を含む語として**5「摂理」**がいいですね。ちなみに「摂理」は「神の作った」という宗教的な意味を含まず使われることもあります。**4**「畏敬」も神には関係がありますが、**B**の要素を満たさないし、「神への畏敬」ならわかりますが、「神の畏敬」では神様自身が自分を敬うようで、意味が通じません。

[c]は「寛容」という、「異種の人類」に対する〈心の広さ〉を表す語と比較されています。そしてそうした「異種の人類」＝「外来者」＝「客人」に「敬意」を表したという説明がつぎに続きます。するとこの「敬意」という語が[c]と関係する「寛容」とつながるので、[c]には「敬意」に近い意味をもつ**4「畏敬」**が妥当です。

[d]は二か所あります。最初の[d]は「ヨーロッパ人がおちいった」「観念」を形容する語であるとともに、日本人と「無縁」だと考えられることを表す語です。ヨーロッパ人は「人類」を最高位に位置づけ、動物はもちろん、白人以外の「人種」を「劣」ったものと考えました。

[d]はこうした考え方を示す語であり、それゆえ[d]の前にあるように「客人」を敬い「寛容」な態度を取る日本人には「無縁」なのです。

また二か所目は日本人が、日本人の「メンバー」に入らない外国人を「ガイジン」と呼んでいることを受けています。これは「入らない」のではなく、現代日本人が現代ヨーロッパ人と同じように異人種を〈入れない〉つまり「寛容」でない状態になったことを示しています。

これらから[d]には異人種を排除する状態を表す語が適当で、**1「偏狭」**が最適です。「放縦」なら、気分次第で外国人を受け入れることもあるわけですから、排除のニュアンスが出にくいし、「寛容」と対比的な意味を示せません。

梅 POINT　対比的な文脈での空欄補充問題では、語句選びも対比を意識すべし！

解答　ムズ a **2**　ムズ b **5**　ムズ c **4**　d **1**

問三　傍線部①の「当時」とは「ヨーロッパ」が「森におおわれていた」「八百年も前」の頃です。その頃「ヨーロッパ人がもっていた率直な自然観」とは、メリュジーヌ伝説に描かれたように、人間が蛇と婚姻を交わすというようなことが語られる背景にある自然観です。それは人間と自然は一体であるという「自然観」です。そうしたことを述べた表現を解答欄に合う形で問題文に探すと、**「人間と自然とのあいだには、決定的な障壁などはない」(L24)という部分が妥当**だとわかるでしょう。「解答欄」にある「自然観」という語と、「こうした自然観」(L25)という表現の対応に注目し、「こうした」という指示語の指しているところを解答にするという手もあるでしょう。ただし形だけではなく、それがヨーロッパの古い「自然観」であるという内容も確認しましょう。あと、二十五字以内なので「人間と蛇」という部分は入れられませんし、これは具体例ですから、「自然観」という抽象的な内容にはふさわしくないともいえる部分です。

解答　**人間と自然とのあいだには、決定的な障壁などはない**（24字）

問四 傍線部②の「日本人」は西欧文明に影響される前の日本人です。そして傍線部の直後にあるように、「猿と人間とのあいだ」の「連続性」に「安心感」を抱く人々です。つまり人間と自然との連続性を肯定する人々だということです。まず**傍線部は人間と自然との連続性を肯定した内容でなければいけない、と気づきましたか？その上で初めて選択肢を見て、そうした内容をもつ選択肢を選んでください**。だから**正解は4**です。「猿や蛇や鶴と人間とを絶対的に異質なものだ、とは思ってこなかった」ということは人間と自然との同質性を認識しているということだからです。他の選択肢にはこうした傍線部に対応する内容がありません。もちろん**1**のように「学問」の深さには関係ありません。**2**は「子孫が末永く続く、というような言い伝えはもっていなかった」かどうか、問題文からは判断できないことが書かれていません。**3**は問題文にまったく書かれていないことです。**5**は問題文に書かれているので チョイマヨ ですが、「異種の客人に対して」という部分が、「自然との距離」を問題にしている傍線部と対応しません。傍線部は「人」ではなく「自然」との関係が説明されています。

梅POINT 傍線部内容説明問題では、傍線部の表現を直訳しているような選択肢があれば、それを選ぶべし！

解答 4

問五

1 「日本人もかつてはメリュジーヌ伝説の西欧と同じ自然観をもっていた」は、「蛇女房や鶴女房のような異類婚姻譚は、民話の中におびただしく残っており」（L38）と対応します。「近代以後の西欧の自然観と同様の自然観を抱いている」というのも、[d]で確認した「偏狭」さを、ヨーロッパ人同様日本人が身につけていることを考えれば妥当だと言えます。**1が一つ目の正解**です。

2 前半は○ですが、後半が「猿と人間とのあいだのある連続性に」「安心感すらもった」（L37）に反しています。

3 第2ブロックの「自然は常に人間に対する愛情をもつ」という部分が問題文に根拠のない記述です。

4 チョイマヨ 筆者は、かつての日本人が「外来者」を「客人」として迎えたことを肯定しています（L40～）。

ですから「客人としてではなく」という説明はおかしいです。

5
「人間を特別扱いし」たというのは、人間を「最高位」に位置づけた、ということです。そして「人間と動物が同類であることを否定しようとするヨーロッパの現代の自然観」は、*L*27～にあるように、「それればかりか」、「人種」の上でも「白人」が優位だと信じるような事態をも引き起こしました。この他の動物に対する態度とほかの「人種」に対する態度は、自分たちを優れたものと位置づけ、他を下に見るというしくみが似ています。よって二つには「通じるものがある」といってよいでしょう。**5が二つ目の正解**です。

解答 1・ムズ 5

4

評論

文章の構造④ 因果関係を学ぼう

「青年とは何か」

別冊（問題） p.26

解答

問一	ア 活躍　イ 系列　ウ 未熟者　エ 奇異　オ 崩壊	2点×5
問二	a 5　b 2　c 3　d 1	3点×4
問三	4	6点
問四	近代的自我	5点
問五	3	7点

ムズ 問一エ、問三、問五

合格点 31点

／40点

学習ポイント

因果関係は、社会現象（結果）などの原因や背景を探るという文章などに多く見られます。文章の展開を追わなければならない点で、文章を大きく見る力が求められます。問題提起の部分とそれに対する筆者の答えをつなぐなど、そういう意味では読解がむずかしいタイプの文章です。

因果関係

A（結果）
↑
B（理由・原因）

A（結果）…科学の発展
↑
B（原因）…産業革命

この種の文章の設問は？

結果や事象に傍線を引き、その理由を問うという設問などが作られるので〈理由・原因〉を意識して読みましょう。

問題文LECTURE

語句ごくごっくん

L13 **過渡期**…古いものから新しいものへと移って行く途中の時代

L14 **規範**…①手本 ②規則、きまり、基準。

L33 **至極**…きわめ尽くすこと。「お粗末至極」は「粗末」の程度がこれ以上ないほどであること（副詞的に「至極（＝とても）もっともだ」などとも用いる）

テーマ 近代

最初に「近代」のことを少し説明します。「近代」はとても大事なテーマですから、しっかり理解していってください。

まず思想の世界では、**「近代」はルネッサンス以降を指す**と考えることが多いです。ルネッサンスはキリスト教の神を中心とした世界から、人間が世界の中心となることを目指すようになる転換点です（こうした考え方を人間中心主義といいます）。それゆえ人間の理想像があると考えられた「ギリシアに戻れ」が合い言葉です。

こうしたことから、近代では、人間が世界を支配するための戦略として科学技術や自然科学が盛んになります。

科学を作り出すのは人間の知性であり、理性だと考えられます。ですから「近代」では、人間の理性が重んじられます。そして**理性によって世界のすべてを理解していこうとする合理主義**という考え方が「近代」の大きな柱になります。

また人間は理性をもつ存在で、その理性によって**自分をコントロールし、自分の世界を大切にし、自己を高めていかなければならない、という個人主義**も近代のもう一つの柱です。

個人主義は、共同体と呼ばれる集団や村落が解体し、土地や血のつながりという束縛から逃れ、人間が一人の個人として生きるようになったことや、フランス革命などによって自由や平等が求められたりしたことにも影響されています。

そして「**近代社会**」とは、人間が個人として理性的に社会の義務を果たし、それゆえ自由や平等という権利を得ることができる社会のことです。その中で**個人としての人間は、可能なかぎり、自分一人の力で、言い換えれば他人との関係を断ち切り、自分の世界を確かで独自なものにしていかなければならない**、と考えられるようになります。そのようなことを目指す人間の内面のありかたは「**近代的自我**」と呼ばれます。

このように「近代化」とは、近代西欧の求めた社会や人間を目指すことですから、「**西欧化**」とも言い換えられます。

「青年」の定義と、「青年」がいなくなった理由を述べた部分とに分けて見ていきましょう。

4

読解のポイント

・**「青年」の定義**…近代的世界や近代的自我の確立を目指して理想を追求し、苦悩する若者

↓

・その「青年」という存在が一九七〇年以降徐々に姿を消しはじめた（社会現象＝結**果**）

↑

・**「青年」がいなくなった理由**…日本が理想とした近代的自我や欧米の近代社会が、理想とするほどの価値がないと考えられるようになり、近代的な人間や社会のありかたを追求する必要が感じられなくなった（原**因**・理由）

ひとこと要約

「青年」は近代的なものの衰退とともにいなくなった。

Ⅰ「青年」とは？（冒頭～L11）

「青年」はただの若者とは違います。「青年」とは、日本が近代化（＝西欧化）していこうとした時期に、〈テーマ〉で述べた「近代社会」の実現を目指した人のことを指す言葉です。また個人のありかたとしては、やはり今説明した「近代的自我」を確立しようとして、自己のありかたを考えた若者を指します。そうした近代的な社会や自己のありかたを追求した若者たちが、たしかに一九七〇年代まではいた、と筆者は考えています。

Ⅱ「青年」がいなくなった理由・原因は？（L11～ラスト）

ですが、そうした「青年」が「姿を消しはじめたらしい」と筆者は述べます。そして「青年らしい悩み」も「少なくなったように思われる」（L18）と述べています。「青年らしい悩み」とはどのような悩みでしょう？　「青年」の定義は「近代的自我」の確立を目指す若者でした。それは自己とは何か？　社会とはどうあるべきか？　とか、今から見れば「ダサイ」悩みです。つまり自分や社会の理想を追い求めて、それがうまくいかず、「挫折」

(L21)して悩む、というイメージです。

たしかに若者はいるけど、「青年」ということばの定義に当てはまる若者が少なくなれば、「青年らしい悩み」もなくなるのは当然です。「青年」がいなくなりはじめた理由について、筆者は傍線部のすぐあとで「『人間はおとなにならなければならない』という社会規範がくずれ、人々ががんばっておとなになろうとしなくなれば」、「青年は姿を消す」と述べています。ここでいう「おとな」も「青年」と同じで、独特の意味で使われているので注意！

梅POINT 問題文の中で独特の意味で使われている語句は、問題文全体を見わたして、それの説明箇所を探したり、同じ語を見つけてつないだりすべし。

「おとな」という語が最終段落にあるのを見つけましたか？ そこには「『近代社会』を維持するのに必要な人格構造」(L36)＝「おとな」と書かれています。さっき説明した「近代社会」の定義をこの部分に代入すれば、「おとな」＝理性をもって義務を果たす人、ということになります。それは近代社会が要求した人間のありかたです。すると「青年」が消えた理由を最終段落まで視野に入れて考えると、「近代社会」が求めた「おとな」という「人格構造」をもつ必要がもはやないからだ、ということになります。また最終段落には、そもそも「近代社会」という理想が西欧自体で疑われている、と書かれています。つまり「青年」という人間のありかたは「近代」という時代が求めたものであり、その「近代」という時代が終わろうとしているから、「青年」というありかたも消えるのだと筆者は主張するのです。

設問LECTURE

問一

解答 ア 活躍　イ 系列　ウ 未熟者　ムズ エ 奇異（＝あやしく不思議なこと）　オ 崩壊

問二 aは「青年」のイメージを説明し、その代表的な例として「大志を抱いた青年たち」が挙げられている文脈にあります。だから〈代表的〉に近い意味の語句が入ればよいとわかるでしょう。**5「典型的」**は〈同類のもののうち、その特徴を最もよく表しているさま〉という意味です。つまり〈代表〉です。だから**aは5**。**1**「欧米的」は「日本の青年」につながると日本語として不自然だし、「欧米的」はほかで使います。

bは「に言って」につながるので、〈言う〉ことと関連があります。また「青年」は「近代」を目指したときに「出現した」のだから、その「近代」を目指す努力をやめれば、「青年」が消えるのは〈当然〉だ、という文脈の中に**b**はあります。すると**b**には〈〜だから、当然…なる〉という意味を表せる語句が適当です。この二つの条件をクリアできるのは**2「論理的」**です。「論理」は言葉に関係がありますから〈言う〉という行為と関わりがあります。さらに「論理」とは〈筋道だった考え〉のことですから、「論理的に言って」というのは〈筋道を通せば〉という意味にもなり、〈当然〉という意味に近い内容を表すことができます。よって**bは2**。**4**「感情的」は〈感情をあらわにして〉というマイナスイメージのことばです。

cはあまり手がかりがありませんが、空欄直後の「最先端」という語とのつながりから、**3「技術的」が適切**。

dは「『近代社会』を維持する」存在をイイカエて、説明する部分です。先にも書いたように、「近代化」は「欧米化」ですから、「近代」と「欧米」は切っても切れない関係にあります。「近代社会」とのつながりで、**dには1「欧米的」が適切**です。

解答 a **5**　b **2**　c **3**　d **1**

問三 「青年」が「次第に姿を消しはじめた」のは、傍線部直後に書かれているように、「『人間はおとなにならなければならない』という社会規範がくずれ、人々が『がんばっておとなになろうとしなくな』ったからでした。ただし、最後から三つ目の段落に「消滅の理由」（*L*25）という言葉があること、*L*37に「そうなれば、日本から『青年』が消えはじめるのも当然であろう」というフレーズがあることにも注意を向けてください。当然そうしたところにも手がかりがあるはずです。段落の最初の部分では、「理由」は「（青年が）どういうわけで出現したかを考えてみれば」わかる、と書かれています。「青年」が「どういうわけで出現したか」といえば、欧米のような近代的な社会や人間像を追ったからです。

また二つ目の部分（最終段落・*L*37）にある指示語「そうなれば」の「そう」が、「青年」が消えはじめる理由を指し示している、と考えられます。「そう」が指しているのは、欧米人も「近代社会の価値を疑いはじめている」し、日本も欧米と肩を並べるくらいになったから、もう「欧米の『近代社会』を理想として追求する必要はもうないし、そういう『近代社会』を維持するのに必要な人格構造」（＝「おとな」）になる必要もない、という内容を受けています。そしてこの部分と傍線部直後の内容は、「おとな」にならない、という内容でつながっています。「青年」が出現したわけを踏まえ、二つの部分をつなげると、**〈日本は西欧近代をお手本にし、近代に対応した「青年」という人間像を追い求めたが、その「近代社会」がもう理想ではなくなり、「近代」が求めた人間（＝「おとな」）にもなる必要がなくなったから〉**ということになります。**この内容に最も合致している選択肢は4**です。

1・3・5は後半部が問題文に書かれていない内容です。**2** チョイマヨ は問題文に書かれている内容ですが、「欧米人自身が近代社会の価値を疑いはじめている」という内容は理由のメインにはなりません。傍線部は日本の話なのですから、日本人について説明している選択肢のほうが傍線部と対応します。理由説明問題ではただ問題文に書かれているというだけで、すぐに○にしやすいですが、つぎのことを意識してください。

梅POINT　理由説明問題では、選択肢の「〜から。」という理由部分が傍線部などと対応しているものを選ぶべし！

またこうした理由説明問題は、因果関係という文章構造に即して作られることが多いですが、この設問のように、視野を広くもって文章全体を見わたすことが大事です。傍線部の直前直後だけを見ることのないように。

ムズ　**解答　4**

問四　空欄**X**は「青年」のありかたについて説明している部分（**a**）です。また空欄の直後に「確立」という語があります（**b**）。この二点を意識して問題文を見わたすと、問題文冒頭の「青年」の定義を述べた部分に「確立」という語があり、「確立」するものは「**近代的自我**」で、ちょうど五字、設問条件を満たします。

梅 POINT　空欄補充問題では、空欄の前後にある語句と同じまたは似た語句がある部分とをつないで、空欄にあてはまるものを考えよ。

解答　**近代的自我**

問五　一つずつ選択肢を見ていきましょう。

1　「欧米でも日本でも自由で平等な社会は実現されなかった」が、問題文に書かれていません。

2　筆者は「おとなになろうとしない若者」を非難していないので、そうした若者を「許してしまう」日本社会が悪いようにいっている**2**は筆者の考えと一致しません。また「おとなになろうとしない若者が多い」という〈結果〉を生じさせている「原因」が、「モラトリアムだからと許してしまう日本の社会」だとも述べていません。だから**2**の選択肢が説明している〈原因と結果の関係＝因果関係〉も成立しません。選択肢に示された**〈因果関係（「〜は、…だからだ」など）〉が正しいかどうかは要チェック！**です。

3　「青年らしい悩み」が「少なくなった」（L17）と一致します。「青年」は「理想を信じ」たり、「挫折」（L21）したりします。「挫折」するのは、追い求めた「理想」と「現実」が食い違うからです。だから「現実と自分の理想との間で悩む」というのは「挫折」の「悩み」です。これが「青年らしい悩み」です。でも「挫折して世を恨む」なんてことは「ダサイ」し、「理想のため」も「ダサイ」という現在の若者にこうした「青年らしい悩み」は「少なく」なる。だから**3**は第3段落の内容と一致する。**3が正解**です。

4　筆者は「国家」と「社会」を分けて論じていませんし、「国家の近代化は達成した」とも「社会の方は近代化に成功しなかった」とも問題文に書かれてません。

5　筆者は「日本の現状」を否定してないし、「日本の現状」を「変えていく必要がある」ともいってません。

ムズ　**解答**　**3**

5 評論

文章の構造　まとめ
『日本人の心はなぜ強かったのか』

別冊（問題）　p.32

解答

問一				
ア	イ	ウ	エ	オ
太古	端的	いと	おもんぱか	干渉

2点×5

問二	問三	問四	問五
4	1	4	1
6点	6点	6点	5

問五（順不同）6点×2

ムズ　問一ア・エ、問二

合格点 30点

／40点

問題文LECTURE

語句ごくごっくん

L8 **物議を醸《かも》す**…「物議」は〈世間の人々の論議〉。「物議を醸す」で〈世間の人々の論議を引き起こす〉こと

L46 **旨**…心のうち、考え、主なねらいや意味

L54 **涵養《かんよう》**…徐々に養い育てること

対比の区分けに従い、問題文を四つに分けて見ていきましょう。

読解のポイント

●「精神」と「身体（習慣）」、「心」の三要素のうち、「心」の領域が肥大化した現代人

↓

●理由…身体を使う習慣を楽になるため減らしたから（それに伴い「身体（習慣）」と結合すべき「精神」も追いやられた）

⇔

○「心」を安定させていた職人や高度経済成長時代の人々

→

○理由…「精神」と「身体（習慣）」の力によって「心」の領域を減らしていたから

ひとこと要約

現代人は心に支配され、不安定な状態に陥っている。

Ⅰ 現代人の「心」の肥大化（冒頭～L16）

古い時代の人類にとっては「食べる」ことや「眠る」ことという「本能」に関わることが、最大の関心事でした。ところがその後、人類は「文化」をつくります。その「文化」は人間に「精神」、「身体（習慣）」、「心」の三つの領域をもたらし、「本能」の部分は追いやられます。

そして現代人はこの三つの要素のうち、「精神」・「身体（習慣）」をも追いやり、「感情や気分を指す」「心」の部分を拡大してきたため、「心」＝「自分」と考えてしまうのです。だから「心」（＝感情・気分）」が落ちこむと、自分の存在自体が落ちこむと「錯覚」するのです。

Ⅱ 高度経済成長時代の日本人と現代人との違い（L17～L39）

これに対して、高度経済成長時代の日本人は、まだ「精神と習慣」の力が大きかったから、「心」に引きずられる度合いは少なかった。だから「気分」＝「心」がへこんでも、会社に行く、という「習慣」まで壊れるようなことはなかったと筆者はいいます。ある「修行僧」は熱があろうが、「護摩供《ごまく》（＝護摩木といわれる木を焼いて祈ること）」を休まなかった。

もちろんこうした人たちは、「心」の占める度合いが低いからといって「他者理解の能力が低」いわけでもなく、むしろ「理解力や知性」が要求されるのです。

だが現代人はすぐ休む。高度経済成長時代の人々と違い、「習慣（身体）」の領域が小さいため、「心」に左右されて、「『なんとなく』休んでしまう」（L38）のです。そしてこうした人たちは「他人の感情に対する理解力も乏しい」（L39）と筆者は述べています。

Ⅲ 職人気質（L40〜L61）

かつての日本には「職人気質《かたぎ》（＝性質）」をもった人たちがいました。またそうした「気質」を尊びました。「職人気質」はモノをつくるという「身体（習慣）」に没頭することで、「必要以上」のことを考えない。もちろん「いい加減な仕事はしない」ですが、「芸術」家を気取るような「虚栄心（＝見栄《みえ》をはる気持ち）」もありません。「高品質」の同じものをずっと作り続け、今日も明日も同じように働く。

ただし「職人気質」は生まれつきの性質ではなく、「職人的な仕事」がそうした「気質」をつくり出すのです。そこでは「職人的な手仕事という身体的な習慣と、必ず一定のクオリティ（＝質）のものをコンスタントに作り続けるという精神」（L55）が結びついて、その人の人生を安定させる。「身体（習慣）」と「精神」があるから「心」に振り回されることがない。「高度経済成長時代の技術者」も「職人気質」でした。もちろんそうした人たちにも悩みはあるでしょうが、「自分のやるべきこと（＝習慣）」（L60）が明確なため、その悩みは、仕事の「技術」の問題であり、現代人の「心の悩み」とは異質です。

Ⅳ 現代の仕事（L62〜ラスト）

ところが現代の仕事は「身体の習慣」を必要としないような、「パソコンに向かう仕事」が多いのです。私たちは「身体を使う習慣を減らすことが楽につながると信じてき」ましたが、その分、「心の領域」を「肥大化」させることになってしまったのです。

「心の領域」が大きくなる、というとなにかよいことのようですが、L15に書かれているように、感情に左右される人になるのですから、ダメなのです。現代人がキレやすいのも、「心の肥大化」が原因かもしれません。

付け加えれば、この最終部分は第1段落の内容と対応しています。こうした点にも注意が向くと、全体が視野に入っているといえるでしょう。ただし**いつも最後に大事なことが書いてある、というような見方は×**。先入観をもたず、きちんと問題文を見てくださいね。

テーマ 身体

4講で、**近代個人主義**のことを書きましたが、個人主義という思想のもとでは、自分の内面を探り、豊かにするということが大切なことになります。また近代で力が衰えたとはいえ、西欧でのキリスト教の力は大きなものです。キリスト教では肉体は汚れたもので、精神が崇高なものだと考えます。だから近代でもずっと精神＝優⇔肉体＝劣、という上下関係が続きます。なので肉体・身体は長い間、劣ったものとして扱われ、その影響はキリスト教圏でなくても、近代化の影響を受けた地域に広がります。今回の文章は、ある意味で「身体」を再認識しようといっている文章です。そういう意味では、近代の価値観にツッコミを入れている文章だといえます。

設問LECTURE

問一 **ウ**「厭う」は〈嫌がること〉。**エ**「慮る」は〈よくよく考えること、思いめぐらすこと〉。訓読みはむずかしい！ **オ**の「干渉」は、「鑑賞」などの同音異義語と間違えないように。

解答 ムズ **ア** 太古（＝大昔） **イ** 端的（＝簡潔明瞭）
ウ いと ムズ **エ** おもんぱか **オ** 干渉

問二 傍線部①の「心の肥大化」という語句は、第1段落で「精神や身体の柱を身のうちに感じにくい……移り変わる自分の心に振り回される」ことだと説明されています。この説明が〈まとめ〉で、その「例」としての適不適が問われているのがこの設問です。だから設問自体が〈例とまとめ〉の設問です。

1「ころころ変わる感情を制御できない」は「移り変わる自分の心に振り回される」という〈まとめ〉の説明とほぼイコールだということはわかるでしょう。〈例〉と〈まとめ〉はイコールだということは前に説明しましたね。**だからこれはOK**。

2「鬱気味になったり躁状態になったりする」は傍線部①直前に書かれていることですが、そこでは、これらを「いわば」というイコール関係を作る接続語で「心を心が見つめる状態」とイイカエたあと、「これが心の肥大化だ（＝傍線部）」と述べているので、**2**は「心の肥大化」とイコールの例といえます。**適切な内容です**。

3は傍線部直後に書かれていることですが、この部分も「端的にいえば」という表現で、「心の肥大化」をイイカエている部分なので、「心の肥大化」とほぼイコールで**適切な内容です**。

4 チョイマヨ は**1**〜**3**に対して、少し意地悪ですが、傍線部のある段落の一つ前の段落、第4段落に「『つらい』『嫌だ』といった感覚は、だれもが持っているはずだ」と書かれているので、「『つらい』『嫌だ』という感覚を抱いている」こと自体は誰にでもあることです。だから「心の肥大化」という、筆者から否定されることがらではない。傍線部の前にあるように、「そういう感覚に日常が支配される」と「心の肥大化」になるので、**4**は「心の肥大化」の前段階で、「心の肥大化」と同じではありません。だから**4が「不適切」で正解**。

ムズ　**解答**　**4**

問三　設問で問うているのは、傍線部②で問題にしている「今」の人ではなく、それと対比されている「高度経済成長時代の日本人」がなぜ「欠勤や遅刻早退が少なかった」か、です。そこで「高度経済成長時代の日本人」について書いてある部分を問題文に探してみると、*L* **17**と*L* **57**に「高度経済成長時代」という語句があります。ただ*L* **57**は「技術者」に限られているので、第6段落に目を向けたほうがよいでしょう。すると「高度経済成長時代」の勤め人は、「一つの会社で勤め上げ」、「サボるという発想がなかった」と書いてあります。これが設問文の「欠勤や遅刻早退が少なかった」に対応する現象（＝**結果**）。その理由・**原因**として第6段落末尾から第7段落冒頭にかけて「これが習慣というものだ。その習慣の力が大きかったため……社会に合わせて自分も動いていた。実際、『三〇年間無遅刻無欠勤』などという人も少なからずいた」と書かれています。この「『三〇年間無遅刻無欠勤』」が、設問文の「欠勤や遅刻早退が少なかった」に対応しています。だからその理由・原因は「習慣の力が大きかったため」です。よって**正解は1**。

2 チョイマヨ は理由説明問題によくある、**〈問題文に書いてある内容だけど、理由にならない選択肢〉**です。**2**「他者理解ができたから」→「欠勤や遅刻早退が少なかった」（設問文）？　理由になっていませんね。

3 チョイマヨ も問題文に書いてあるといえますが、**3**「理解力や知性を高く有していたから」→「欠勤や遅刻早退が少なかった」（設問文）？　なぜ知性があると欠勤しないのか？　よくわからないですね。それはやはり理由になっていないからです。

梅 POINT　理由説明問題では、問題文に書いてある内容でも、理由の解答にならない選択肢は×！　問いかけに対して論理的に、スムーズにつながっているかを判断の基準にすべし！

こういう選択肢を×にできるには、〈因果関係〉という〈論理（＝つながり）〉に慣れること。いつもつながってるか、筋が通っているか、とツッコミを入れましょう。

4は「本能的に」が第3段落の内容と×です。「本能」で生きている人は社会的にまずいのです。　**解答　1**

問四　「どういうことか」という傍線部内容説明問題は、問題文のイイカエの構造に即して作られます。だから、**傍線部を丁寧・正確にイイカエているものが正解**になります。ではまず傍線部③を問題文に即してイイカエてみましょう。すぐに選択肢を見るとだまされるし、考える力がつきません。まず自分で考えてから選択肢を見るべし！

では傍線部とイイカエ関係になっているところを探すために、**傍線部をブロックに分けましょう**。どういうブロックに分けるかは、説明する単位（＝むずかしい、説明が必要な部分や語句）を一つのブロックとして分ければいい。古文の品詞分解みたいに細かく分ける必要はありません。今の場合なら、「職人の仕事ぶりそのもの」（**a**）と「心の領域を狭める作用」（**b**）の二つでいいでしょう。

ではまず**a**のイイカエ、説明部分を探します。当然「職人の仕事」という語句や内容があるところです。それも分けたからといって、**a**と**b**が無関係になるわけではないですから、**b**にもつながる内容で**a**のイイカエ・説明となっている部分を探さなければなりません。すると傍線部のある段落の三つ前の段落から「職人気質」について説明されています。それらを箇条書きにすると

a 1　職人気質は以前の日本にあり日本人の心を安らげた
a 2　職人気質な人は必要以上に考えない

a3　職人はいい加減な仕事をしない誇りをもつが、虚栄心や野心はもたない
a4　職人的な仕事をすることで、職人的な手仕事という身体的な習慣と、一定のクオリティのものを作り続けるという精神が結びつき、自分の人生を定める

これらは重複する内容もありますが、**a4**がおおよその内容をまとめた部分であり、「精神」、「身体（習慣）」、「心」の三要素のうち、「精神」と「身体（習慣）」が結びつき、タッグを組めば、「心」は孤立するわけですから、「心の領域を狭める作用」という**b**ともつながります。

つぎに**b**。やはり「心の領域を狭める」という表現や内容とつながるところを探すと、L27に「心の領域を減らしている」という**b**のイイカエといえる表現があります。そしてそこには「つまり」とあるので、前にさかのぼると**「精神と習慣の大きい人は、日常的な自分の気分や感情に左右されない」ことが「心の領域を減らしている」**＝**b**となります。「精神と習慣の大きい人は」という部分は**a4**の内容ともつながるので、**a**との関連もあります。

なので傍線部をイイカエて説明すると、〈職人的な仕事は、職人的な手仕事という身体的な習慣と、一定のクオリティのものを作り続けるという精神を結びつけるものであり、それが日常的な気分や感情に左右されない＝安定した状態を作り出す働きがある〉ということです。

ここで選択肢を見る。そしてこの内容に最も近い**4を積極的に選べたらナイス**。「いい加減な仕事はしないという精神」という部分は**a4**に**a3**を合わせた説明です。

1は「新しい創造的なものを作り続ける」が「常に新しいものを作ろうとする芸術家と（職人）は違い」(L47)と×。**2**は「高品質なものを作ろうとはせず」が**a3**や「高品質ながら（＝高品質ではあるが）」(L46)と×。**3**は「精神や身体の働きが衰え」が**a4**と×。

解答　**4**

問五

1　第3段落の内容と対応するのでこれが**一つ目の正解**。「主たる要素ではなくなっていった」は「隅に追いやった」(L7)のイイカエ。

2　「休みたいときでも休むことはあきらめて」が×。

これでは僧侶は休みたかったことになり、L25と×。

3 「自分の気分や感情に合わせて」しまっては、自分と「気分や感情」が一つになってしまうわけですから、「感情や気分をイコール自分と捉えてしまう」(L15)「心の肥大化」になり、「心の領域を狭めること」とは反対になります。

4 「精神的に不安定になり、心が心を見つめる状態になる」のは、「心が弱いから」だ、という内容、因果関係も問題文には書かれていません。

5 L57に書かれているように、「高度経済成長時代の技術者」は「職人気質」ですから、**問四**で確認したように、「習慣」という「身体」と「精神」が結びつき、心が安定しています。これに対し「自己中心的な現代人」は、「身体的な習慣の領域が小さ」いし、「心の状態しだい」(L38)ですから、「心」も不安定です。すると両者は「対照的（＝違いがきわだつさま、正反対）」つまり両者は〈対比〉的です。**5が二つ目の正解です。**

解答　1・5

今までの問題を通して、四つの文章構造がそれぞれ設問と結びついていることを理解してもらえましたか？そしてこれで〈全体を大きく見る〉という現代文読解の基本を、問題を解く中で習得してもらえたらナイスです。つぎからは、現代文に必要な他の力（語彙力）や評論とは違うタイプの文章の読み方を確認してもらおうと思います。

語彙力を大切に

『〈私〉時代のデモクラシー』

別冊（問題） p.40

解答

問一		問二		問三		問四		問五
(ア)	5	a	4	(あ)	3	X	2	5
(イ)	3	b	1	(い)	5	Y	4	
(ウ)	1	c	2					
(エ)	2	d	3					
2点×4		3点×4		3点×2		4点×2		6点

ムズ 問一（ア）・（エ）、問三、問四Y

合格点 29点

/40点

問題文LECTURE

問題文の構造を大きな視点で見ることと同時に、問題文を読むときにも、設問を解くときにも、ことばの意味を理解し、自分でイイカエる力が必要です。それが「語彙力」です。それがどのような形で入試で出題されるか、設問を中心に見ていきましょう。

語句ごくごっくん

L7 **波紋を呼ぶ**…動揺を起こさせるような影響が広がること

L35 **擬似**…区別がつかないくらい、本物と似ていること。「疑似」とも書く

L43 **終焉**《しゅうえん》…①終わること ②老後の身を落ち着けること。単に問題文のように「終わり」という意味で使われることも多い

L48 **隠蔽**《いんぺい》…目につかないようおおうこと。かくすこと

問題文は第1段落から第7段落まで、秋葉原で起きた事件のあらましとそれに対する人々の反応を説明し、第8段落以降で、秋葉原の事件から「社会問題の心理（学）化」という事態を抽《ひ》き出し、その問題点を指摘しています。なので問題文を二つに分けて見ていきましょう。

読解のポイント

・秋葉原の通り魔事件

↓

・この事件を、もっぱら容疑者の個人的な環境や異常心理に原因があるとする見方は、「社会問題の心理（学）化」と呼べる

↓

・「社会問題の心理（学）化」は「心理学ブーム」を反映しているが、「社会問題」を個人的なものだと考えれば、本来社会的な問題として、公共的に取り組まれるべき問題が、個人の処理すべき問題になってしまう

ひとこと要約

社会問題を個人の心理の問題にすり替えるのは危険だ。

Ⅰ 秋葉原の事件とそれに対する反応（冒頭～L31）

注にあるように、現代の「個人」は弱いもの（＝マイナスイメージ＝「否定性」）と見なされがちです。その弱い「個人」が起こしたと考えられたのが秋葉原の事件でした。この事件は、殺傷する相手は「誰でもよかった」（L6）という容疑者のことばが大きな衝撃を与えました。

そしてこの事件に対する社会は、まず最初に、**容疑者の個人的な特性が原因だというふうに反応しました（A）**。ですが、容疑者は不安定な「派遣労働」に従事しており、**現代の「格差社会」が生み出した問題だ（B）**として社会のありかたに「再考」（L20）を促したことも間違いのないことでした。

ただ容疑者の置かれた社会的状況と起こした事件との間にズレがあり、結局この事件は「個人的な病理によって説明する」（L27）ことも、「格差社会のアンチ・ヒーロー」（L28）とすることもできず、**A**でも**B**でもないという印象を与えた宙ぶらりんの事件でした。

Ⅱ「社会問題の心理（学）化」の問題点（L32〜ラスト）

AとBという二つの見方のうち、個人的な心理に重きを置くAのような見方を、筆者は「社会問題の心理（学）化」と呼んでいます。その背景には社会全体に見られる「心理学ブーム」があるといえます。誰もが心理学用語を口にします。心理学の知識などが社会に広まり、人々は「社会」のありかたより「個人の内面」(L35)がどうなっているかに関心を抱くようになっているのです。

一九九〇年代後半は、社会の行き詰まり＝「閉塞感（ふさがれたという感じ）」(L44)が広まっていった時代ですが、「心理学ブーム」や、心のありかたにこだわる「心の時代」(L45)はこうした時代の状況と関連しています。

でもこのような考え方が強まると、「感情こそが重要」という「現実」が作られ、社会のありかたなどを含んだ本当の「現実」が軽視されるということも起こります。またすべての問題や「危機」(L52)がすべて個人の問題とされ、「社会的な問題」として社会自体のありかたや制度が問われるべき問題が、〈それはあなたの問題でしょ〉という形で、すべて個人の負担になるということになることにも、筆者は危うさを感じているのです。

注にあったように、「個人」は「弱い」、だから問題を起こす。だからその「個人」の内面を探って治さないといけない。こうして「個人」が否定されることと、「心理学」は結びつくのです。

テーマ　心理学

〈心〉が重んじられるのは、精神が重んじられることにつながりますから、前に述べたように〈近代〉に関係があります。それゆえ〈心〉や〈内面〉を分析して、その人の真の姿を知ろうとする、〈精神分析（＝心理学者フロイトが創始）〉なども近代的な学問です。心理学を勉強してみたいという人もいると思いますが、心理学という学問自体が〈近代〉とともに進んできたことは覚えておいてもよいことでしょう。

設問LECTURE

問一

(ア) 標的　**1**薄氷（「薄氷を踏む」＝とても危険な状況にのぞむことのたとえ）　**2**漂泊（＝さすらい）　**3**評伝（＝批評をまじえながら書かれた、人物の伝記）

4兵糧（＝戦時における兵の食糧）　**5標榜**（＝主義・主張などを公然と掲げあらわすこと）

（イ） 流布　**1**扶助（＝助け合い）　**2**系譜　**3布巾**　**4**腐食（蝕）　**5**符合（＝一致）

（ウ） 往々（＝しばしば）　**1往診**　**2**旺盛　**3**中央　**4**横領　**5**謳歌《おう》（＝楽しい気持ちなどをかくさず行動すること。誉《ほ》めたたえること）

（エ） 顕著　**1**喧々《けんけん》（喧々囂々《けんけんごうごう》＝たくさんの人がやかましく騒ぎたてるさま）　**2顕彰**（＝功績などを世間に知らせ、表彰すること）　**3**堅牢（＝堅くて丈夫なこと）　**4**牽引《けんいん》　**5**献身

解答　ムズ **（ア）5**　**（イ）3**　**（ウ）1**　ムズ **（エ）2**

問二　**a**…前の段落で容疑者の「背景」が「現代日本社会」に見られる、といったことを踏まえ、〈では〉「この出来事は……社会的背景によって説明されるのでしょうか」と疑問を提示するところ。〈では〉とほぼ同じ役割をする**4が正解**。

b…**a**のあとの「たしかに」という語で「社会」的な問題としてとらえることができるかもしれない、と〈譲歩〉したあと、〈しかし〉「容疑者の置かれた（社会的な）状況」と「犯罪」との間に「関連」は見えてこない、という文脈。だから逆接的な文脈を作れる**1が正解**。**「たしかに・なるほど・もちろん＋消極的に他の説を肯定＋逆接＋自分の説を提示」という〈譲歩〉の構文は頻出**。

c…**c**のあとの内容は前の段落の内容をまとめたもの。この部分がまとめだということは、**c**のあとの文の末尾が「というわけです」というまとめの形をしていることからもわかります。なのでまとめの**2が正解**。

d…**d**のある第8段落が、文章の大きな切れ目であることは先にも書きました。なので話題を転換する**3が正解**。

解答　**a 4**　**b 1**　**c 2**　**d 3**

問三　**（あ）「紋切り型」**はもともとは〈紋の形を切り抜くための型〉。クッキーとかを作るときの、生地をくり抜く型をイメージすればよいです。あれってみんな同じ形になりますね。だから「紋切り型」は〈決まりきった型式、やり方、見方〉のこと。ワンパターンということですが、**〈ステレオタイプ（ステロタイプ）〉**というカタカナ語が同じ意味を表します。**3**の「新味がない」とい

うのはワンパターンだからです。**2**は「押し付け」るが不必要。

(い)「恣意的」は〈勝手な、気ままな〉という意味。**5**「必然性のない」ことや「思いついたまま」のことは、偶然の思いつきということだから〈気ままな〉もの。**3**のように「行動と気持ちがうらはら」というのは、意識してそうしているかもしれないので、〈気まま〉になりません。

ムズ **解答** **(あ) 3** **(い) 5**

問四 まず**X**についてです。**問三**もそうでしたが、これこそ〈語彙力〉!という設問です。まず選択肢の意味がわからなければ解けないので、その意味を書きます。

1 抽象化…共通点を抽《ひ》き出すこと⇔具体…はっきりした形をもつもの。この世界で一つきりのもの

2 象徴…置き換えること。抽象的(=はっきりした形をもたないさま、わかりづらいさま)なものを具体的なものに置き換えること。シンボル

3 相対化…他と比較してとらえること。冷静にものごとを見つめ直すこと⇔絶対(化)…他と比較できない状態(にする)

4 普遍…どこでも誰にでも当てはまること⇔特殊・個別

5 対象化…距離を置いて見ること

Xの前の「個人化」とは〈人が個となること〉です。それは自由であるという肯定面もありますが、弱さや他者からの孤立も意味します。これを事件の容疑者に当てはめれば、職場の人間関係もうまくいかず、かといってそれを打ち明ける相手もおらず、結局むしろ「自分と近い人々の集まる秋葉原」で事件を起こしてしまう、という状態だと考えてよいでしょう。そしてそれは「『個人化』の「否定」面です。「『個人化』のもつ否定性」というのは、はっきりした形をもたないものですね。だから〈抽象的〉なものです。それに対して秋葉原の事件は誰の目にもはっきり見える〈具体的〉なものです。つまり秋葉原の〈具体〉的な「事件」が〈抽象〉的な「否定性」を〈代わりに示す〉という関係にあるので、**Xには2「象徴」がふさわしい**のです。「事件」は〈具体的〉ですから**1**「抽象化」は合いませんよ。**4**「普遍」は〈普遍する〉とか、「する」をつけて使いません。

Yは少しむずかしいです。**4**「還元」には〈①元に戻

す〉という意味の他に、②別のものを同じものと見なすこと・一つの原理ですべてを説明すること〉という意味があります。**Y**の文脈は、秋葉原の事件の「原因」を「容疑者の個人的な環境や異常心理」という一つのポイントで〈すべて説明〉しようということですから、「還元」を②の意味で用いれば、スムーズな流れができます。よって**正解は4**。**1**「連動」・**3**「呼応」は「原因を……に連動（呼応）する」は日本語として不自然です。**2**「転嫁」チョイマヨ は〈自分の過ちや責任などを他人になすりつけること〉です。誰かが「原因」を「異常心理」に〈なすりつけ〉たのではないですね。この言葉を使うためには、何者かが〈過ち〉を犯していなければならないですが、容疑者ではなく、この事件にコメントする人に、そうした〈過ち〉があるとは問題文から読みとれません。

こうした語彙力の設問を解いて、語彙力が足りないな、と思う人は、『基礎からのジャンプアップノート　現代文重要キーワード・書き込みドリル』（旺文社）なんか、やってみるとよいでしょう。

解答 X **2**　ムズ Y **4**

問五 「社会問題の心理（学）化」について、第8段落以降に説明されている内容をピックアップするとつぎのようになります。

a 心理学ブームが背景にある
b 多くの先進国に見られる現象で、「閉塞感」漂う九〇年代後半の「心の時代」と対応している
c 社会が考えるべき問題が、個人の問題だとされてしまう危険性がある

よって**a～cすべてをカバーしている5が正解**。「閉塞感の広まりと同時期に」が**b**、「心理学……現象で」が**a**、最後のブロックが**c**と対応しています。**1**は「社会問題の心理化によって社会変革への動きが停滞し」という〈因果関係〉が×。**4**も「心理学ブームが、心の時代を生み出し」という〈因果関係〉がおかしいし、「重要な要素である心の問題」という部分が問題文に書かれていないともいえるし、最後から二つ目の段落末尾と×ともいえます。筆者は「心の問題」を重要視するのを「危惧する研究者」に考え方が近いと読めます。

2は「正しい知識が多くの人に伝わる」が問題文にナシ。**3**は「独自の現象」という説明が「先進国に共通して見られる」（L37）と×。

解答 **5**

7 随筆

随筆を学ぼう「普段着のファミリー」

別冊（問題） p.48

解答

問一	問二	問三	問四	問五	問六
4	4	3	2	4	1
7点	7点	7点	4点	7点	8点

ムズ 問一、問四、問六

合格点 28点

/40点

学習ポイント

テーマ 随筆

随筆にも、〈対比〉や〈イイカエ〉の関係があります。だから、評論と同じように読むことが基本です。ただ違う点もいくつかありますから、それを以下に書いておきます。

1 評論のような論理ではなく、**筆者の連想によっていくつかのエピソードが続く場合が多い**↓どのような共通点でつながっているかを考える

2 **文章全体で一つのテーマだけを語っていることが多い**↓傍線部を傍線部とその前後の文脈だけで読まず、全体のテーマと傍線部とをリンクさせて設問を解く

3 **比喩的な表現などが多く、設問でもそれを問われる**（今回の問題では問二・問五）ので、比喩がなにをたとえているか、を傍線部前後の文脈と全体の内容から判断する

問題文LECTURE

語句ごくごっくん

L12 **坩堝**《るつぼ》…①興奮、熱狂の場（例：興奮の坩堝）②さまざまのものが入り交じった状態のたとえ（例：人種の坩堝）。今回の問題文では後者の意味

L17 **得々と**…得意げなようす

L21 **満喫**…十分に満足するほど味わうこと

L24 **蹂躙**《じゅうりん》…踏みにじること（例：人権蹂躙）

L28 **節度**…適切な程度

L30 **喝采**…ほめそやすこと

L35 **踏み絵**…ここでは、どのような思想や立場をもっているかためし調べること

L37 **常態**…いつもの、ふつうの状態

読解のポイント

●「**普段着のファミリー**」……社会や他人に対する緊張感がなく、時と場所を心得ない家族

⇔〈対比〉

○「**余所行き**」……かつては「家＝私的」と「社会＝公的」が区別されていた→その中で人々は社会と折り合いをつける方法を学んだ

↑

●「普段着のファミリー」は、社会を軽視し、他人に迷惑をかけてもよいと教える、最悪の「教育」を行うものだ

ひとこと要約

現代人は、個と社会の関係がはらむ、緊張した関係を忘れている。

この問題文には、「普段着のファミリー」と「余所行き」との対比関係があるので、それに基づいて文章を分けていきましょう。

I 「余所行き」

「余所行き」というのは、家で着ている服ではなく、外へ出かけて行くときに着る服です。そのときぼくたち

7

は、他人に見られることや、行く場所、会う人のことを意識して服を選ぶでしょう。つまり「余所行き」とは「服」のことであると同時に、他者（＝社会）を意識する、という意味も含んでいることばなのです。

　かつては「家から一歩出るとそこはもう社会である」（L8）という意識がありました。社会や他人に対する緊張感があったのです。それは「面倒」（L14）なことでしたが、社会に合わせることで自分も成長する、という側面もあったのです。

Ⅱ「普段着のファミリー」

「普段着」は家の中で着る服です。家では他人に見られないから、どうでもいい服を着ているというのがふつうでしょう。ぼくも家では伸びきったTシャツやぼろぼろのジャージを着ています。楽でいいですよね。でもそのまま外に行ってしまうのが「普段着のファミリー」なのです。それは「余所行き」と違って他人や社会を意識していない。

　どうしてそんなふうになったのか。筆者はその原因に「マイカー」の普及を挙げています。たしかに「マイカー」の中の空間は自分の「家」の中と同じです。どこからが社会か、乗っているとその境目がわかりません。それが私の世界と公の世界との境目をなくさせる。だから「普段着のファミリー」は社会を軽く見て、自分の家のように社会で振る舞う。他人の領域を侵す、行儀も悪い、そしてそれが「ファミリー」という単位で行われる。子供がギャアギャア騒いでも、何も注意しないで笑って見ている親とかいるよね。だから子供も自然に他人や社会を意識しなくなる。筆者が「教育としては最悪」（L45）といっているのは、こうした親子関係のことを指しているのです。

設問LECTURE

問一　「余所行き」は先にも書いたように、服装のことと同時に、他人や社会を意識する姿勢を指します。そのことが指摘されている**4が正解**。「社会の中での生き方を知る」というのは、傍線部①を含む段落の内容をまとめたもの。他の選択肢の中で〈他人や社会を意識する姿勢〉に触れているのは**3** チョイマヨ ですが、「他人との距離を作り出」すというのが、「他者の坩堝（「語句ごくごっくん」に書いたように、「坩堝」はいろいろなものが入り交じる状態なので「距離」を作り出すのと逆」（L12）や「味方に引き入れる」（L16）という記述と一致しません。

他の選択肢には〈他人や社会を意識する姿勢〉がないので×ですが、他にも×がつく箇所を指摘すると、**1**は「家の中では感じることのできなかったおしゃれをすることができ、それによって精神を高揚させることができる」が問題文にナシ。**2**は「他町村」の人々が「余所者に対しても緊張をもって迎えてくれ」るという内容が、やはり問題文にナシ。「大人を尊重する視点を気軽にもつことができる」も問題文にナシです。

ムズ　**解答** 4

問二 傍線部②でいう「着更える」というのは、ホントに服を変えることではなく、傍線部直前にあるように「社会を尊重し、味方に引き入れること」（**a**）を指しています。そのことは傍線部冒頭に「つまり」というイイカエの接続語があることからもわかります。そしてこの段落は筆者の肯定する「余所行き」の話をしていますから、社会性や他人との関係を作るという話だということを理解してください。すると「大きく見せる」というのも、決して〈エラソウに見せる〉ということではなく、〈自分も社会の中で重要な存在だと位置づけてもらう〉（**b**）というような肯定的な意味だと考えるべきです。

この見方で選択肢を見ると、**4が正解**になります。「重みが増し、それが他人にも伝わる」は**b**の内容であると同時に、傍線部の「大きく見せることが出来る」＝他人にどう見えるか、というニュアンスを示しています。

1・**2**・**3**は「着更える」ことを**a**のように説明せず、「外見」、「いい服を着こなす」、「身だしなみ」というように、ただの服装のことだと説明している点が×です。

解答 4

問三 「普段着」に含まれる「精神」のありかたが問われています。「普段着」は自分と社会との境目を考えません。だから**3**「家と社会の違いを意識しつつ」は「適切ではない」です。よって**3が正解**。

解答 3

問四 これも「普段着のファミリー」についてです。彼らは「不作法さのまま他人の社会を踏む」（L20）し、二つ

7

目の空欄の前にあるように、「行儀を知」りません。**2**「傍若無人」は〈人前で勝手気ままに振る舞い、他人に迷惑をかけること〉ですから、「普段着のファミリー」のようすにピッタンコです。**正解は2**。一つ目の空欄の部分は、〈傍若無人に自由を主張して、他人を踏みにじる〉という意味です。

1「快刀乱麻」は、「快刀乱麻を断つ」で〈てきぱきとものごとを処理すること〉、**3**「猪突猛進《ちょとつもうしん》」は〈がむしゃらに突き進むこと〉、**4**「支離滅裂」は〈筋道が立たず、めちゃめちゃなこと〉。みな〈他人に迷惑をかける〉という意味が明確に示されていません。

ムズ 解答 **2**

問五 「踏み絵」は**「語句ごくごっくん」**にもあるように、〈どのような思想や立場をもっているかためし調べること〉。では何を調べるのでしょうか。傍線部④を含む段落に、「ここで生きられるだろうか、ここで認められるだろうか」とあります。同じ段落の最後には「社会に立ち向かう覚悟を決めた」とあります。つまり「東京」は筆者に対して、〈どうやってここで生きるつもりなんだ？どうやってこれから社会に認められるつもりなんだ？〉とチェックしてきたということです。だからそうした内容に対応した**4が正解**。

1は「余所行き」と「他人の自由を自分が奪」うという「普段着」の話が混ざっていて、それこそ「支離滅裂」。**2**は「好きで東京にやってきたのか」が、文脈や問題文とズレ。**3**は「余所者に冷たい都市」が問題文にナシ。

解答 **4**

問六 「普段着」を否定している筆者ですから、「普段着」派が傍線部⑤のような「立ち向か」い方をしても、全面的に肯定するわけではないと考えられます。ただ少しは「個」と「社会」の境目を意識して、〈自分の思い通りにならない社会に挑んでやるっ！〉というのなら、それはそれで「感心」する、ということだと考えられます。それは「個」と「社会」を一応「区別」している点で、ふつうの「普段着のファミリー」よりはマシだからです。ですから、そうした「個」と「社会」の区別を前提に「社会に立ち向かう」（＝「対峙《たいじ》」）なら、許容する、という内容になっている**1が適切**。「不遜」は〈思い上がっていること〉です。「普段着」を否定し、「人間というのは個々大した存在ではない」(L15)と考え、「社会を尊重し」(L16)なければならない、と考える筆者からすれば、そもそも「社会に立ち向かう」ということは〈思い上がり〉に見えるということです。

2 チョイマヨ は「普段着のままでしか社会へ入っていくしかない」という説明は、〈いろいろやってみたが、「普段着」しか他に道がない〉というギリギリの選択という意味になります。ですが傍線部の「個の顔で社会に立ち向かう」というのは、もっと積極的で〈やってやるぞ〉というイメージですから、傍線部と一致しません。

3 チョイマヨ は「家族」が傍線部の「個の顔」とズレているので、傍線部と対応しません。**傍線部自体の説明を求める設問では、傍線部との内容上の、そして表現上の対応が大切**でした。

4は、「社会に立ち向かう」ことが「個人の顔と社会の顔を対等に位置づけること」とイコールになるとは断定できませんし、「度胸と勇気」＝「自己主張」というのもイイカエとしておかしいです。それに「明確な自己主張といえる」と、かなり肯定しているようなニュアンスが示されている点も、筆者の立場と一致しません。

ムズ

解答

1

8 小説

小説を学ぼう『黒猫』

別冊（問題） p.56

解答

問一	問二	問三	問四	問五
a 5　b 1　c 2	4	3	黒猫の命乞い	3
3点×3	8点	8点	7点	8点

ムズ 問一a・b、問二、問五

合格点 26点

40点

学習ポイント

テーマ 小説

小説が苦手っ！　という人も結構多いと思います。それは自分も似たようなことを経験したことがある内容だと入りこみすぎたり、老いだとか死だとかいう自分に縁遠いテーマだと入りこめなかったり、というふうに、問題文との距離がうまくとれないことにまず原因があります。勝手にマイワールドを作ってしまったりして、〈全然チャウで〉ということにならないように、いつも一定の距離を保って客観的に読む訓練をしなければなりません。これは問題をたくさんこなし、小説との適切な距離感を身につけていくしかありません。

そのうえでどのように問題文に対応したらよいかをつぎにまとめておきます。

小説には**事実**（できごと）→**心理**（気持ち）→**言動**（しぐさ、発言、行動）という三つの要素が基本的にあります。そしてこの三つの要素が**因果関係**によって結びついていると考えられるところに設問は設定されます。たとえば〈誰かが死んだ＝**事実**〉↓〈だから〉↓〈悲しい＝**心理**〉↓〈だから〉〈泣いた＝**言動**〉、という**因果関係**が成立するところで、〈悲しい〉という**心理**に傍線を引き、その心理が生じた理由である**事実**や**心理**の分析を求めたり、〈泣いた〉という**言動**に傍線を引いて、その**言動**に至る**心理**や**事実**を問うたりするのです。

因果関係は〈論理〉の基本でした。よく小説はセンスだ感覚だ、なんていうけど、とんでもない！　自分一人で読むときとは別ですが、小説の問題は評論以上に〈論理〉的に読まなければなりません。また、

1　小説は最後まで必ず通して読んで、テーマを簡単に頭の中にまとめてください。

2　心理描写（「～と思った」「～と考えた」「～悲しかった」）・心情語（不安・孤独）、心理をほのめかす表現や出来事・もの、に傍線を引いて、問題を解くときの手がかりにしましょう。

3　場面・時間の転換点にチェックしましょう。

4　根拠が明確でない設問は消去法で対応しましょう（問題文に書いてあるかないか、というだけではなく、傍線部との対応を重視）。

8

問題文LECTURE

語句ごくごっくん

L23 **半信半疑**…なかば信じ、なかば疑うこと

L50 **大胆不敵**…敵を敵とも思わず、怖《お》じ気《け》づいたり恐れたりしないこと

L50 **歎称**《たんしょう》…感心してほめたたえること

L58 **へつらう**…人に気に入られるように振る舞うこと

読解のポイント

●治らない病気にかかり、毎日を暮らす私≒人間に刃向かうこともしないで生きている卑屈な猫たち

⇔

○人間に刃向かい、堂々と死んでいった「黒猫」

ひとこと要約

病気を抱えなにもできずにいる「私」は、堂々と家に入り捕まって死んでいった「黒猫」にある種の敬意を抱いている。

黒猫事件の推移に合わせて、問題文を四つに分けます。

Ⅰ 台所侵入事件

ふるさとの人がもってきてくれた塩鮭を焼いた晩、その匂いにつられてか、猫が台所に入りこみました。そうしたことが続き、母はうろついている猫の中から、「黒猫」に疑いをかけました。板や石を押し上げて侵入できるような猫は「黒猫」以外にいないと母は考えたのです。

Ⅱ 「黒猫」への私の思い

だがそんな母の推理を「理に合った（＝理屈の通った）主張」（L23）だと思いながらも、「私」は「半信半疑」でした。昼間の「黒猫」は「悠々」としていて、そんな侵入事件を起こすようには見えなかったからです。

ところがやはり母の推理通り、「黒猫」は侵入現場を取り押さえられ、現行犯逮捕されます。その晩、「私」は捕まった「黒猫」の「大胆不敵さ」に「痛快」なものを感じるのです。それは「黒猫」に対する「歎称」（L50）でもありました。

Ⅲ 黒猫の処分

「黒猫」は捕まった翌日、木に縛りつけられました。母はどうやら「黒猫」を殺処分するつもりらしいのです。ですが捕まっても堂々としている「黒猫」に惹《ひ》かれるものを感じる「私」は、「黒猫」を殺すことをやめるように母にいいたかったのですが、いい出せませんでした。それは病人である自分の立場や、いつもそうした「息子」のことを考えてくれる母の「睡眠」を「妨害」する「黒猫」のことを考えたからです。また、懲らしめられて二度とやらない、などという軟弱な「黒猫」ではない、とも思ったからです。

Ⅳ 黒猫がいなくなった後

黒猫は音もさせず、処分されました。つぎの日からは、人間にへつらうような「卑屈な」（L93）猫だけがのそのそ「私」の周りを這《は》い回っていました。「私」はそうした猫たちをいつ治るかわからない自分の病気のように「退屈で愚劣」なものと感じ、今まで以上に彼らを憎みはじめます。それは生きていることが無意味に感じられる自分自身への嫌悪であり、その裏には潔く死んでいった「黒猫」への敬意ともいうべきものがあるでしょう。

付け加えるならば、作者の島木健作は、実際、思想的にも行き詰まり、病気でもありましたから、問題文中の「私」は島木本人と考えられます。このように**主人公が作家本人であると考えられる小説を「私小説」と呼ぶ**ことも覚えておきましょう。

設問LECTURE

問一 まず選択肢の意味を記しておきます。

1「音《ね》をあげる」（＝弱音を吐く。降参する）。**2**「神妙な」（＝おとなしい、素直なさま）。**3**「知らぬが仏」（＝知っているからこそ腹も立つが、知らなければ、仏様のようにすました顔でいられる、ということ）。**4**「下賤《げせん》な」（＝いやしいさま）。**5**「どこ吹く風」（＝他人の言葉や他人のすることを、まったく気にかけないようす）。

aは**a**の前に書かれた、「平気」・「悠々（＝落ち着いているさま）」という「黒猫」のようすと対応する語句が入ります。「じーっと」「私」に見られても「気にかけない」ようすを**5が表すことができるので正解**。「知らぬが仏」は〈知っているからこそ腹も立つが、知らなければ〉に当たる内容が「黒猫」や「私」にはないので入れられません。

bは捕まってしまった「黒猫」のようすを表す部分です。**b**の前に「卑屈」にもならず、「じたばたせず」とあるので、助けてほしいと人間に屈するようなようすも見せず、また抵抗もせず、あわてたりしないのです。これらに最も近い意味を表す語句を入れれば、空欄直前とのつながりもよいですね。すると**1**「音もあげぬのである」を入れれば、〈弱って降参するということもしない〉し、あわてもしない、という文脈になり、**b**の前の部分とうまくつながります。よって**bは1が正解**。肯定的な表現が入るので、**2**も**4**も×です。

cは「一度こうこらしめられれば」「懲りる」というのは「あまい」→「黒猫は［c］」、という文脈です。ですから「黒猫」は「一度こらしめられれば」「懲りる」というような、〈従順な猫ではない〉という意味になるような語句を**c**に入れればよいのです。すると**2**「神妙な奴ではないだろう」を入れれば、適切な文脈になります。よって**cは2が正解**。

解答 ムズ a 5　ムズ b 1　c 2

問二 「底意」とは〈心の奥にもっている考え〉という意味。「私」は「黒猫」が犯人であることに対して「半信半疑」です。そうした「私」が「じーっと」「黒猫」を見ているときに、「私」の心の中に抱いている〈考え〉を推測すると、〈お前が本当に犯人なのかそれとも違うのか〉というような疑問だと考えられます。ただし「底意」ということばは、暗さがまとわりつくことばでもあります。つまり人には見せられない心の奥底の考え、というような。すると**4がそうしたダーティなニュアンスが表現されるので正解**。**1**・**3**は チョイマヨ ですが、**1**～**3**は明るいプラスイメージの選択肢なので×。筆者は「黒猫」が犯人だとは断定していないので、犯人だと決めてかかっている**5**は×。

ムズ **解答 4**

問三 今筆者が問題にしているのは、〈卑しい猫たちが食べ物を与えられる⇔堂々とした「黒猫」は捕まり、殺されようとしている〉という構図です。これはなぜ「人間の不名誉」なのでしょうか？　卑しいものが保護され、堂々とした「黒猫」がしいたげられるとしたら、〈人間が「黒猫」のありかたや「価値」を否定することになり、道理に合わないことをしていることになります〉。それでは「人間」としての道理や倫理が成り立たないと筆者は思い、「人間」という名を傷つける、「不名誉」なことになる、と考えているのです。

よって**正解は3**。**2**には「人間」という、傍線部②と同じ語がありますが、「生死を握っているから」「不名誉だ」というのでは、理由として傍線部につながりません。**3**の「わからない」の主語は書かれてませんが、「人間が」を補うことができます。すると**3**のほうが「人間の不名誉」だという傍線部とのつながりもできます。**小説の問題でも〈理由説明問題では、傍線部とのスムーズなつながりをもつ、直接的な理由を述べた選択肢を選ぶ〉**ということを忘れないでくださいね。**1**・**4**・**5**はかなり外れてます。

解答 3

問四 「言い出せなかった」ことは、ほんとは〈言いたいこと〉のはずです。今「私」の気がかりは「黒猫」の処分です。朝妻に「殺すつもりでしょう」といわれたとき、「私は母に黒猫の命乞いをしてみようかと思った」（L58）と書かれています。すると「私」が〈母にいいたかったこと〉は「黒猫の命乞い」でしょう。そのことは「命乞いをされる資格がある」(L60)と「私」が考えていることからもいえることです。**正解は、黒猫の命乞い。**

解答 黒猫の命乞い

問五 先にも書きましたが、小説は**事実・心理・言動**という三つの要素の因果関係を想定して読んでいかなければなりません。たとえば問題文の最終部分をこの原則に合わせて読んでみましょう。するとつぎのようになるでしょう。

> **〈事実〉** 堂々とした黒猫は処分された
> ←
> **〈心理1〉** 生き残った猫は卑屈で、私の病気のように退屈で愚劣だと思った
> ←
> **〈心理2〉** 彼らを憎みはじめた

この部分には〈**言動**〉に当たる部分はありませんが、たとえばこのあと、「私」が猫たちに意地悪をする、とかになると、それが〈**心理**〉から導かれた〈**言動**〉ということになります。こうしたことを、とくに設問になっている部分では意識してください。〈**事実**〉→〈**心理**〉→〈**言動**〉という順序ですから、傍線部が〈**心理**〉だったら〈**心理**〉の分析はもちろん、〈**事実**〉も重視、傍線部が「彼女は唇をかみしめた」なんていう〈**言動**〉だったら〈**事実**〉と〈**心理**〉の二つをよく考えてください。

話をこの設問に戻すと、問題文の最終部分は先に整理したようになります。このことと対応しているのが**3で、これが正解です。**「黒猫が死に」が〈**事実**〉、「他の猫を私が憎らしいと思いはじめた」が〈**心理2**〉、「病気の自分への嫌悪感を重ねて彼らを見ている」が〈**心理1**〉と対応しています。〈**心理1**〉と〈**心理2**〉の説明の順番は変わっていますが、〈因果関係〉自体は変わっていません。つまり問題文と合致する〈因果関係〉です。

1 **チョイマヨ** は、「母は病弱な私の代わりに家を守っていかなければならないと思う」という部分が問題文に書いていないこと。だからこうした思い「ゆえに」〈猫を殺した〉かどうかわかりません。

2は、「妻は姑《しゅうとめ》である母に対して何も言えない」という部分はいえないこともないでしょうが、「猫を殺すの

を母にやめるよう、私にそれとなく働きかけている」という後半は、問題文からは読みとれないことです。

4 チョイマヨ ですが、たしかに、問題文の時代は「何か（猫に）取られても昔のように、笑ってすましていることができにくくなって来ていた」(L75)と書かれています。だからおそらく戦争や貧困などの社会状況がこの問題文の背後にあることは推測できます。あるいは「私」が病気になる以前を「昔」といっているようにも読めるので、「私」の病気が「私」や「私」の家族を、余裕のない状態にしているともいえます。ですが、どちらにしても、そうした状況や状態を、「心がすさんでいる」といってしまっていい、という根拠がありません。また、「人々の」というように、「私」の家族以外の一般の人々にも当てはまることなのかは微妙です。**わからないことを断定するのは、小説の読みとしてはしてはならない**ことです。また「私」が「昔を恋しく思っている」というのも断定できないことです。

5は母が「私が外へ出るのをやめさせよう」としたという事実はないので×。

ムズ

解答 **3**

9 評論

チャレンジ問題1『レトリックと認識』

別冊（問題） p.66

解答

問一 ア 挑発 イ 基盤 ウ 衝撃 エ 解釈 オ 承服 2点×5

問二 a 急がば回れ b 負けるが勝ち 3点×2

問三 4 6点

問四 時間は計量可能で、金銭に換算される貴重なものだという考え方。 8点

問五 1 3 （順不同）5点×2

ムズ 問一オ、問二、問三、問四

合格点 26点

／40点

語句ごくごっくん 問題文LECTURE

L4 **レトリック**…表現の技法・修辞法

L5 **融通無碍**《ゆうずうむげ》…いろいろな事態に対応できること

L6 **観念**…頭の中にある考えやイメージ

L9 **挑発**…相手を刺激して事件などが起こるようにしかけること。そそのかすこと

L9 **撞着**《どうちゃく》…矛盾していること

L10 **逆説**（パラドックス）…①一見常識に反した考え（例：急がば回れ）②相反することがらが同時に同次元に存在すること

L11 **慇懃無礼**《いんぎんぶれい》…丁寧なようで実は偉そうで無礼なこと

L14 **可塑性**…変形しやすいこと

L16 **ファジー**…あいまいなこと

L20 **あまたの**…たくさんの

L22 **周縁**…中心と反対の、周辺部。まわりの部分

L22 **活性化**…生き生きとさせること

L24 **スタンス**…立場

L26 **格言**…経験をもとに、簡潔に表現されたいましめの

言葉

L27 **功利主義**…自分の利益を追求する態度

L27 **メタファー**…比喩の一種。隠喩・暗喩

L44 **揺曳**《ようえい》…ゆらゆらしていること

問題文は第6段落の「こうした言葉に対する」という冒頭の一文が、第5段落までの内容を受けながらも、「『思考の弾性』、自由な発想」という内容へとスライドし、「時は金なり」の例が示されます。また第12段落以降では「現代レトリック」の特徴について述べています。なので問題文を三つの意味のブロックに分けて解説していきます。

読解のポイント

I　レトリックの成り立ち

・日常の会話
＝使い慣れた表現をそのまま「引用」する
←
・コミュニケーションのトラブル解消またはレベルアップ→言葉の意味の揺れ＝弾性を利用して、「引用」を工夫する→レトリックの成立

II　レトリックの自由な発想

・レトリックは言葉の意味の揺れを利用して自由な発想を生み出す（例：時は金なり）
・そこには時間に対する新しい見方（＝認識）が示されている

III　現代レトリックのありかた

・現代のレトリックは表現の手段としてだけではなく、世界を読む（＝認識に関わる）ものとして、注目すべきだ

ひとこと要約

言葉にはその人の世界認識が示されている。

I　レトリックの成り立ち（冒頭～L23）

私たちの日常の話は「手垢《てあか》にまみれた（＝多くの人に使い古された）『慣用表現』」から成り立っています。た

いていはそれで「十分に用は足りる」のですが、「コミュニケーションをより豊かに高めようとするとき」私たちはすでに使われている言葉を「引用」しながら、そこに「工夫を凝ら」したりします。たとえば〈告白〉するときに、ただ「君が好きです」じゃなくて、「バラのような君が好きです！」（ダサ…）とかいうように。こういうのが「レトリック（＝表現の技法・修辞法）の始まりだ」と筆者は考えています。

こういう表現ができるのは、言葉が「意外に融通無《ゆうずうむ》碍《げ》」だからで、ふつうは結びつかないものを言葉は結びつけて意味やイメージを作ることもできるのです。一見「誤用」のように見えるこうした表現方法を、古典レトリックでは「撞着《どうちゃく》語法」あるいは「逆説法」と呼んだりもしました。「慇懃無礼《いんぎんぶれい》」とか「逃げるが勝ち」などもおなじような表現です。

こうした言葉の「融通無碍」なあり方を「可塑性」、「流動」性と呼ぶこともできます。言葉の意味の境界は「周縁にいくにつれて輪郭（含意的意味＝含まれている意味）がぼやけてしまう『星雲』」のように「ファジー」で、はっきりせず、いろんな他の語と結びつける柔軟さをもっているのです。筆者はそれを「弾力的（＝ぼよよ～んと揺れる感じ）」とも表現しています。それはまた、「姿を見せているのはほんの一部分（表層的意味）で実は水面下にその体積の大部分（深層的意味）が隠されている」という「氷山」のようでもあります。つまり言葉の作り出す意味世界は曖昧で相当深いのです。

だから今までになかった言葉同士を結びつける「レトリック」は、一つの言葉の曖昧な部分＝言葉の意味の中心から外れた「周縁」の部分や「深層」の意味をイキイキさせる方法だともいえるでしょう。つまり言葉の「意味の弾性（＝やっぱり、ぼよよ～んと揺れる感じ）」が「レトリック」を成り立たせる土台なのです。

Ⅱ レトリックの自由な発想（L24～L51）

先にも書きましたが、「こうした言葉に対するしなやかなスタンス」（L24）は、「しなやかな」と前の段落の「弾性」という言葉のつながりを考えても、前段の内容を受けていると考えられます。でもそれだけではなく、L24の一文は、言葉の「しなやかさ」が人間の「『思考の弾性』、自由な発想とも連動している」と述べています。つまり言葉の弾性→人間の「思考の弾性」というふうに、話題がスライドしているのです。ですから、このブロックのテーマは言葉に現れる人間の「思考の弾性」＝**言葉を通した人間の「自由な発想」**、ということになります。

その例が、「時は金なり」（Time is money.）という格言です。**まとめと例**という関係です。また、この格言は「功利主義的考え方を見事に要約している」『「メタファー」で、「時間をお金にたとえた表現」です。

そしてこれは単に「時間とお金を比較している」のではなく、「時間に対する発話者の認識（姿勢）」をも表しています。「時」（時間）と「金」（貨幣）という「観念」はそれまでにもあったでしょう。でもこの二つの観念、「時」と「金」は無関係に存在していたのです。それは、この二つの観念の間に、だれも「類似性（＝似たもの同士の関係）」を認めていなかったということです。でもあるとき、違うこの二つの観念に「類似性」を感じとる人が現れた。もちろん二つはまったく異なったもので「直接的な類似性」はない。「間接的な」つまり少し遠い類似性です。

ではどういう「類似性」があるのでしょう。「時間」と「お金」はどちらも〈貴重なもの〉です。この〈貴重なもの〉という点が二つを結びつける。

そして〈比喩〉というのは、ある事物にそれと共通性のある具体的なもののイメージを結びつける表現です。たとえば〈赤い、とかつるつるしている〉という共通点でリンゴと子供のほっぺたを結びつけて〈リンゴのようなほっぺた〉という比喩が作られます。今の場合、〈貴重なもの〉という共通点によって「金」と「時間」を結びつけたので、これは〈比喩→「メタファー」であり、表現のワザ＝「レトリック」〉になるのです。それは「今まで誰もが思いつかなかった関係」を作り上げることでした。新しい「類似性」の発見です。「時」と「金」の間に新しい「関係」が結ばれたということでもあります。

人間がものとものとの関係を「推理」していく。もともとお金という観念の周りにはさまざまなイメージ（や意味）が「揺曳《ようえい》」しています。それらの中のいくつかのイメージが「時間」という観念に投影（写像）される。この「投影（写像）」というのは重ね合わされる、というくらいの意味に解釈しておけばよいでしょう。筆者はそれを別のいい方で「お金という『解読格子』を通して時間が解釈されること」だと述べています。この「解読格子」というのは、〈何かを読み解くための観点、フィルター〉というような意味だと考えればよいでしょう。「格子」は四角な枠です。「時間」という観念に「金」という枠がはめられ、そのフィルターを通過してくる「時間」という観念に、「金」のイメージが重なるのです。その結果出てきた時間観念はそれまでとは違って、金銭との結びつきを強めたものになっているでしょう。

もちろんこの「時は金なり」は、時間を効率よく使って稼ぐ、という意味を表すことになりますから、「あくせくと働くことではなくて、のんびりと時間を過ごすことこそが幸福の極みだとする文化圏の人たち」にとってはこうした時間観（＝時間に関する考え方）は「承服」しがたいものだったでしょう。両者はずいぶん異質な時間に対する認識です。だから時間がお金のように計量可能なもので、時給、日給、週給、月給というような形で支払われて当然なのだ、という考え方を示す「時は金なり」というメタファーは、「功利主義」的な考え方を示したものであるだけでなく、「時間認識」を「変革」するものでもあったのです。

Ⅲ 現代レトリックのありかた（*L*52～ラスト）

*L*52の「現代レトリックはこうしたレトリックの認識論的側面に注目する」という一文の「こうした」という指示語も前の内容を受けながら、「レトリック」を「現代」に限定し、その「認識論的側面（＝人間のものの見方に関わる面）」に焦点を絞っていくという形で、前の内容から一段階進んでいます。これも*L*24の「こうした」と同じように、前の内容をまとめながら、新たな内容へと話を進め、〈切れ目〉を作っているといえます。

ここでは、今述べたように「レトリック」の現代的な性質が問題にされます。それは「レトリックが表現の手段にとどまらず認識の手段でもある」、という点にあります。これは*L*55の「レトリックは世界をどう『表現する』かに関わるだけでなく、世界をどう『読む』かに関わる営みである」という部分とイイカエの関係になっていると考えられるので、

「認識の手段」＝世界をどう「読む」かに関わる営み

と考えればよいでしょう。**イイカエをつかむことは、問**

題の解法だけではなく、このように問題文のむずかしい表現を読み解くためにも必要なことです。

そしてラストでは、「現代レトリック」と「古典レトリック」とを比較する対比が行われています。それは以下のようにまとめることができます。

> **古典レトリック**…話し手＝書き手の立場が優先し、いかにうまく話すか、いかにうまく書くか、という話し方、書き方に重点が置かれた（これは「レトリックの始まり」として説明されていた「コミュニケーションをより豊かに高め」(L3)ることとつながることです）
>
> ⇔
>
> **現代レトリック**…聞き手・読み手＝「世界／テキストを読む」認識者の立場を重視し、想像力によって、この世界の事物の間に思いもかけなかったような関係を「読み」、「新しい物の見方」を示す

そして「時は金なり」という格言が、「時」と「金」のつながりを「読み」解き、一つの新しいものの見方を提示したように、レトリックという表現の形は、人々が世界をどう読むか、ということに関わるもの（＝「現代レトリック」）であることを強調したい、というのが筆者の立場なのです。

> **テーマ 言語2**
>
> 先に**5講**で〈身体〉が見直されつつあるという話をしましたが、言語がもともと〈声＝声帯のふるえ〉としてこの世界に現れたことを考えれば、言語と〈身体〉のつながりも密接なものであるといえます。なので〈身体〉的なものに注目が集まるという時代の流れに沿うようにして、言語＝文字、ではなく、言語の中にある〈身体〉的なものを取り戻そうという動きが文学の世界でも起こります。たとえば詩人が自分の詩を〈朗読〉という形でアピールしたり、言葉のリズムを重んじた〈言葉遊び〉などが注目されたりしています。

設問LECTURE

問一

解答 ア 挑発　イ 基盤　ウ 衝撃　エ 解釈　ムズ オ 承服

問二

知識問題であると同時に、両方の空欄とも直後に

書かれているように、「矛盾する観念の結合や常識を逆なでする」ものでなくてはならない、という文脈をきちんと読み取ることが必要です。**a「急がば回れ」**は、急ぐなら直線（最短）コースを行けというのが常識ですが、急ぎすぎてケガをしたり結局遅くなることもあり、遠回りしていったほうが安全でかえって早いこともあるぞ、という常識とは異なる考え方（＝「逆説」）です。この点で、「常識を逆なで」するものなのです。**b「負けるが勝ち**（＝相手に勝ちを譲り、負けることも勝つことだ）**」**も「矛盾する観念の結合」であることは簡単にわかるでしょう。

ムズ **解答** **a 急がば回れ**　**b 負けるが勝ち**

問三 傍線部①の直後に「これが……レトリックの始まりだろう」とあります。「これ」＝傍線部①＝「レトリックの始まり」です。そして、L22に「『引用』の工夫」という、傍線部①と同様の表現があることに着目できたらナイスです。ここに**イイカエ**があります。「『引用』の工夫、つまりレトリック」とあることから、傍線部＝「レトリック」ということが再確認できます。

そしてそれはL22にあるように「『周縁的／深層的』意味の活性化の方法」です。これはわかりやすくイイカエると、言葉の意味の中心から外れた部分や深い部分にある意味を掘り起こすこと、です。そしてそのようにしてできた表現の例が「時は金なり」です。「時間」のもつ性質の中から、「貴重」という意味を取り出して、「金」と結びつけたとき、「時は金なり」というレトリックが成立したのです。もちろんこの「時」や「金」はもともとある言葉ですが、それらを結びつけることは言葉に「意味の弾性」（L23）があるからできたことです。ここまでの語句の関係をまとめてみると、つぎのようになります。

傍線部①「引用に工夫を凝らす」
＝
「『引用』の工夫」
＝
レトリック
＝
「『周縁的／深層的』意味の活性化の方法」
＝
「意味の弾性」がそれを支えている

このような関係に着目すると、**4の「弾力的に使う」という表現が適切**なことがわかります。「すでによく使われている言葉を……使う」というのは傍線部の「引用」のことです。**1・2・5**は一般の「引用」という意味でしかないし、**3**は他人の「言ったこと」の伝え方に限定されている点が根拠のない説明になっています。

傍線部と同じような内容をもつ部分を手がかりに、傍線部の内容を問うというパターンの設問です。このように、**同内容を〈つなぐ〉という論理的な読解、解法を身につけてください**ね。

ムズ 解答 4

問四 「功利主義」とは、学問上は「最大多数の最大幸福」を原理として社会の幸福と個人の幸福との調和を目指す哲学者ベンサムらの考え方をいいます。しかしここではもっと広い意味で、〈利益や役に立つことを追求する考え方〉を指していると考えられます。またそうした意味に思い至らなくても、「時は金なり」という格言が「功利主義的考え方」を示しているのですから、「時は金なり」の意味が書かれている部分に着目すれば、それが「功利主義的考え方」ということになるし、「時間を例」にとって、という設問条件にも合致します。「時は金なり」という格言は、簡単にいえば〈時＝金〉という二つのものの共通性を示したものです。

ではどこに「時は金なり」の意味＝両者の共通性が書かれているでしょうか。それは**L47**以降です。「時間は『貴重なもの』であり、……然るべきものなのだ」（**L49**～**L51**）という部分が、「時は金なり」が表した新しい「時間認識」です。この部分が「時は金なり」の内容を説明している部分であることは、「時間は……お金のように計量可能なもので、……月給というような形で支払われて然るべきものなのだ」というあたりに、〈利益の追求〉まあ極端にいうと、〈この世はゼニや！〉みたいな発想を読み取ることができることからも明らかでしょう。

解答はこの部分を短くするわけですが、この部分は「～であり、～なもので、～ものなのだ」というふうに、三つのことを述べています。ですから解答も三つの要素を書けばよいでしょう。まず一つ目は**〈c 時間が貴重だ〉**ということです。これはこの格言の核心でもありますし、「功利主義」的でもありますから、解答に入れなくてはなりません。「無為に過ごされるべきではない」という部分は「〜べきではない」という遠回りな言い方ですし、「貴重だ」（**c**ポイント）といえばそれで十分ですから、カットしたほうがよいです。

二つ目は**「計量可能」（a）**ということです。これも「時間」と「金」に共通する性質として書かれています。

また、「時給、日給、週給、月給というような形で支払われて然るべき」（L50）だと書かれています。これは「時」が「金」に置き換えられるということ。この性質を述べることも両者の関係に関することですし、「時間を例に」という設問条件に沿うことですから書かなくてはなりません。でも「時給、日給〜」という部分は具体例ですし、字数オーバーになりかねないので、そのまま使わず**「金銭に換算される」（b）**というような形でまとめたいですね。これが三つ目のポイントです。記述問題に関する基本的なことをつぎに書いておきます。

●記述問題の基本●

1 問題文の言葉を使うのが基本。問題文の表現が使えないとき（2参照）と、字数短縮のときだけイイカエる。

2 問題文中の比喩や特殊な意味が込められている語は解答に使わないほうがよい（ただし慣用化されている比喩やポピュラーな評論用語は避ける必要はない）。

3 主語を決めると、その主語に合うところを使う箇所としてピックアップしやすくなる。

4 使うべき問題文箇所を、主語・目的語・述語をメインに単純化し、他の箇所と並列的につなぐ。要素の書く順序を考え、その際主述の対応が問題文とズレないこと。

ムズ **解答** **時間は計量可能で、金銭に換算される貴重なものだという考え方。**（30字）

a 時間は計量可能（同様の内容があればよい）…3点
b 金銭に換算される（時間がお金と関わるものだ、という意味があれば可）…3点
c 貴重なもの（無為に過ごされるべきではない、だけでは不可）…2点

問五 傍線部②にあるように、「時は金なり」は「功利主義的考え方」を「要約」しているものですから、「功利主義的考え方からは理解しがたい」という**1は間違っています。これが一つ目の正解**です。

つぎに**2**。第2段落にある「小さな大投手」は「矛盾する観念を結びつけた表現」だし、「古典レトリック」ですから、**2**は問題文に合致します。

3は「理性的な認識」と「イマジネーションによる認識」を、「古典」と「現代」に当てはめている点がおかしいです。「レトリック」は「理性的な認識というよりはむしろイマジネーションによる認識だ」(L**53**)と書かれていて、もともとどんな「レトリック」も「理性的な認識」とはいえないのですから、「古典レトリック」が「理性的な認識」であることもないのです。ですから**3が二つ目の正解**です。「古典レトリック」と「現代レトリック」の違いは、最後の段落にあるように、古典レトリック＝書き手中心　⇔　現代レトリック＝読み手（＝認識者）中心、という違いです。

4は最終段落の内容と完全に一致しています。

5は前半が第8段落と対応しています。また、「新たな時間認識を提示した」という表現は「異質な時間認識」、「時間認識の変革でもあった」(L**51**)と対応しています。

解答　**1・3**

10 評論

チャレンジ問題②『読書と社会科学』

別冊（問題）p.74

解答

問一		問二		問三	問四	問五
ア はぐく	エ そこ	a 3		2	2	1
イ 普遍	オ 排他	b 2				
ウ 顕著		c 6				
2点×5		3点×3		8点	5点	8点

ムズ 問一エ、問二b・c、問五

大ムズ 問三

合格点 26点

/40点

問題文LECTURE

語句ごくごっくん

L1 **経験科学**…経験する事実を解明する学問

L3 **万人欽仰《きんぎょう》**…人々が尊び、敬うこと

L3 **光彩**…美しい輝き・色合い

L6 **文明発展史観**…この場合は、文明はどんどんよい方向に発達していくという歴史に対する見方、のこと

L9 **人間賛歌**…人間は素晴らしいという考え

L10 **被創造物**…神によって作られたもの

L11 **主体**…自分の意志に基づいて考えたり、外部に働きかけたりするもの。ものごとを認識する自己

L11 **おしなべての**…すべての

L12 **自負**…誇り・プライドをもつこと

L15 **合目的的**…この場合は、人間の目的に沿った形で、という意味

L17 **普遍的**…どこでも誰にでも通用するさま

L28 **統御**…制御すること。コントロール

L29 **排他的**…他者を排除するさま

読解のポイント

● **現代の科学**（＝学問の一つ）
＝自然を支配するためのもの
＝人間の知恵や経験・日常の言葉から切り離され、排他的なものとなってしまっている

⇔

○ **真の経験科学**（＝学問）
＝人間の知恵を真に活用し、人間の経験を汲《く》みあげた開かれたものとして、具体的な事態を有効に解決しうるものとなるべきだ

ひとこと要約

人間の知恵を総合的に活《い》かす真の経験科学を目指そう。

問題文は現代の科学、経験科学について論じながら、真の経験科学を創りあげることを主張しています。それぞれについてまとめてみましょう。

I 科学の歴史について（冒頭～L29）

本来「人間の知恵」と「学問」とは切り離すことはできません。「経験科学」といわれるものも「学問」の一つです。つまり上から「人間の知恵→学問→経験科学」という序列になります。だから「経験科学」は「末子」なのです。問題文を読んでいて迷うところですが、「経験科学」＝「学問の……分身」（L1）と、「学問、なかでも科学は」（L19）をつなげると、「科学」も「経験科学」の一つだと考えられます。そして「経験科学」は、「末子」として「人間の知恵」に恩返しをして、「知恵」を光り輝かせるものになるはずでした。そしてそれを「科学の進歩」と讃《たた》え、「楽天的な」文明の発展を信じる歴史に対する見方（＝「文明発展史観」（L6））もありました。

そうした考え方には「安易な科学信仰」や「人間賛歌」がくっついていました。人間は神の意志を受け、この世界を創っていく「主体」として、すべての被創造物を当然のこととして支配するという「自負」は、「諸文明」（＝他の文明）、を支配するものと考えられた近代ヨーロッパ文明に見られる「自然支配」の思想に通じます。

この思想は人間の目的に沿った形で自然を支配すると

10

きの考え方＝「『管理』の思想」（L15）として、そして「理性」をもった人間（西欧人）が、まだ自然のままで暮らす野蛮な「人間」を管理するための考え方として、さらには歴史を考えるときや、人間とはどういう存在かを考える（＝「人間的自覚」（L17））ときにいつも持ち出される考えとして、「普遍」性をもつものとして世界を覆いました。それは人間の「理性」を高らかに主張するものだったといえるでしょう。

でも「科学」は「経験科学」とはいえないものになってしまいました。「科学」はいつの間にか日常の「経験」という人間の「知恵」を否定する、傲慢《ごうまん》な「科学」になってしまったのです。つまり「経験科学」と別に、もともと「科学」というものがあったのではなく、「経験科学」であるべき「科学」が、「知恵」や「経験」を捨ててただの「科学」になってしまったということです。筆者はそれを「まったく逆の局面」（L18）だと表現しています。つまり人間の「経験」に基づいて発展するはずの「科学」が「知恵」や「経験」を捨てたから、「逆」なのです。

そして「学者」も「人間の知恵」や「経験」を「正面から無視」（L21）し、それらと「対立」することを「当然」と考えてきました。

科学の方法と経験による方法の「対立」です。「専門学術語（＝専門用語）」を統一して使うのも、「経験科学」としてよいことなのです。でも、「専門学術語」が、素人が日常で用いる言葉と完全に縁を切り、「専門学術語」だけで「事物そのもの」（L28）という、事実や客観的存在を正確につかめるかのように、他の分野や素人を排除した形で（＝「排他的に採用され」）使われるとき、そこには「経験科学」ではなく、単なる傲慢な「科学」が誕生するのです。

Ⅱ 真の経験科学とは（L30～ラスト）

では私たちはこうした「科学」をどのように扱うべきなのでしょうか。筆者は「人間の知恵を真に知恵たらしめるに足る有効な学問」を「創造」しなければならないと説きます。それは「人類の経験すべてを汲みあげ」たものです。それこそが「真の経験科学」です。科学信仰をもつような思い上がりを抱いた科学者たちは自分たちの「科学」は十分素晴らしい「経験科学」だと錯覚しています。「素人の知恵と経験を見下しうるほど」専門化したから素晴らしいのだというのです。ですが、筆者から見ればそれは「経験科学」ではありません。「真の経験科学」はふつうの人にもわかる「知恵」を与えてくれるものでなければなりません。たとえば自然破壊などの「個別的、具体的な事態」に「有効」な「科学」は「真の経験科学」ですが、それはこれから「創造」されるものなのです。

テーマ　科学

〈近代〉が、人間が中心となる世界を作ろうとしたことは先にも書きましたね。その世界支配の手段としてギリシア以来の伝統をもつ科学がクローズアップされたことも少し触れました。その科学は人間の理性を重んじる**近代合理主義**とともに発展し、自然を支配しようとしてきました。人間は自らが自然の一部であることを忘れ、自然を、観察し法則を探し出し、人間が我がもの顔に利用できる物質だと考えてきました。その結果が現代の地球温暖化などとして現れてきていることはみんなもわかると思います。今後科学がどのような形で変わっていき、人間と自然を救うものになりうるのか、それが現代において問われているのです。

設問LECTURE

問一

解答　ア はぐく　イ 普遍　ウ 顕著　ムズ エ そこ　オ 排他

問二

傍線部**a**～**c**の「末子」は文字通り〈すえっこ〉ですが、この場合は何者かによって生み出されたもの、という程度の意味です。ただし問題を勘違いしないでください。何の子孫か、なにが「末子」を生み出したのか、というふうに〈親〉を聞いているのではありません。そうではなくて、「末子」そのものが何なのか、を問うているのです。

まず**a**は簡単。「経験科学」が「末子」です。主語と述語との対応をたどれば、すぐ**正解は3**にキマリ。ここで**a**は「学問の末子」だからといって、「学問」と答えてしまうのは、〈親〉を答えたことになります。

bの直前の「その」が指しているのは、「被創造物（＝創られたもの）」ですが、これも〈親〉が「被創造物」なのだし、「被創造物」は選択肢にもありません。ここの文脈は、**b**＝「末子」でありながら＝「唯一の創造主体」＝「管理者たる人間」というふうに並列関係になっています。それがわかれば、**b**＝「人間」とわかり、**2を正解**にできます。

cは、

「文明の輝かしい末子」
＝並列　　＝「近代ヨーロッパ文明」
「文明を完成するもの」

という関係になっています。英語の関係代名詞みたいに、「『文明の輝かしい……完成するもの』としての」までが「近代ヨーロッパ文明」にかかる文型です。なので**cは6「近代ヨーロッパ文明」**のことです。こうした細かな部分の読みも正確にできるようになってください。

解答　a 3　ムズ b 2　ムズ c 6

問三　傍線部①を含む文の構造をまずつかみましょう。「これは……ヨーロッパ人のそれと相呼応し相互増幅をとげた」という形です。「相互」というからには複数のものが関係しているはずですが、この一文を見ると、「呼応」しあっているのは、主語の「これ」と「ヨーロッパ人のそれ」だとわかります。

ではまず主語の「これ」の内容を確認しましょう。これはすぐ前の「管理者たる人間という誇らかな意識と自負の念」を受けていると考えられます。

ではつぎに「ヨーロッパ人のそれ」の「それ」は何を指しているでしょう？　直接は「それ」の直前を受けていますが、もう少し「それ」の内容を考えてみましょう。傍線部の直後には、「そうした、近代ヨーロッパ人の誇らかな意識と自負の念」という部分があります。これは「そうした」という指示語で前を受けていますし、「ヨーロッパ人」という表現がありますから、「ヨーロッパ人のそれ」とイコールのはずです。するとこの「それ」は「誇らかな意識と自負の念」に該当します。また、さっきの「これ」の前にも同じ「意識と自負の念」という語句がありましたから、「それ」が指示語として「これ」の前を受けることも可能です。なおかつ、そうなると「これ」と「それ」は同じことだということになり、「相呼応」するのもうなずけます。つまり**支配者としての人間であるという自負とヨーロッパ人であるという自負とがお互い呼びあって「増幅」されていった**のです（**A**）。

これで傍線部自体の意味はわかりましたが、傍線部に至る文脈をもう一度見てください。第1段落の最後に「楽天的な文明発展史観を作り上げていた」とあり、第2段落冒頭には「その間にも」「反省」はあったけれど、やはり「安易な科学信仰」と「安易な人間賛歌（＝人間は素晴らしい！）」というのが歴史の「主流」だった、ということを述べたあとに傍線部は登場します。

つまり〈楽天的な文明発展史観を人間は作り上げていた。そのとき少しは反省したけど、やっぱり安易な科学信仰と安易な人間賛歌が中心だった。それはAのような二つの意識と自負が「呼応」していったからでもあるんだよ〉というのが第1段落から傍線部に至る文脈なのです。いい換えれば、先に**「楽天的な文明発展史観」や人間万歳！**という〈結果　B〉を示しておいて、どうしてそうなったかをたどり、その原因はAだからだよ、という流れの中にあるのが傍線部なのです。

ではまずAの要素があるか、をチェックしましょう。実はこれだけで解答が決まります。**Aに正確に対応しているのは2だけです**。**2**は「結果」以下が**B**の内容も示しています。「相乗的」は「相互増幅」のイイカエです。

1は**A**がないだけでなく、「自然と共生する姿勢を模索した」も問題文にナシです。**3**は「反省」が**A**と無関係ですし、「豊かな知恵に基づいた鋭く深い考察が行われた」も問題文にナシ。**4** チョイマヨ の「人間への信頼」は「人間賛歌」に近い内容ですが、「人間への信頼」と〈人間であることの自負〉はイコールになりません。また後半部の内容も**B**とズレてます。

大ムズ　解答　**2**

問四　**X**には、その前に「科学者集団の誇らかな自負の念からすれば」とあるので、「科学者」の立場から、**「経験科学」＝「科学」がどのように「発展」しているように見えるか**（**A**）、が入ります。「科学」は最後から三つ目の段落にあるように、「経験」と「対立」し、「素人が日常用いる言葉（日常語）」と完全に縁を切」りました。もともと「科学」は「人間の知恵とひたすらに手を切る形で確立し発展して」（*L*20）きた、〈なまいき〉なものですから、「人間の知恵」も「経験」も「素人が日常用いる言葉」も、手当たり次第切り捨てて、オレ一人で突き進んでいくんだい！という態度を取ることもわかるといえばわかります。そして、そうして〈オレ一人でここまで来た〉というのが「科学者」の「自負」でもあるのでしょう。

すると**2**の「素人の知恵と経験を見下しうるほど」が今ピックアップした部分と一致する内容です。〈見下す〉の主語は「科学者」ですから、**A**にも当てはまります。なので**2が正解**。

1は〈互いの専門を超えていく〉ということですね。でも「専門外の素人が日常用いる言葉（日常語）と完全に縁を切り、それが学問の世界に入りこむことを意識的に断ち切る」(L26)という部分は、専門の中に閉じこもるようすを述べていますから、**1**はここと×です。

3は、「神による創造を超える創造をなしうる」という内容を入れる根拠がありません。問題文では人間が神の創った「被創造物」だと書かれていますが、人間や科学が「神による創造を超え」る、というような話は問題文に出てこないからです。

4は、「科学」は「人間の知恵とひたすらに手を切る形」で発展してきたのですから、「人間的知恵をもたら」すなどと「科学者」は考えないでしょう。また、「人間の知恵を真に知恵たらしめるに足る有効な学問」(L30)をこれから「創造」していかないといけないと述べる筆者の考えとも一致しません。

解答 **2**

問五 「真の経験科学」つまり筆者の考える「経験科学」のありかたが問われています。筆者がどういうものを真の「科学」・「学問」と考えているかについては、「**いま求められているのは、人間の知恵を真に知恵たらしめるに足る有効な学問の創造です**」(L30 **A**)、傍線部②直前の「**人類の経験すべてを汲**《く》**みあげ目的に向かって動員しうる知恵才覚と技術**」(**B**)という表現が手がかりを与えてくれます。**B**の「経験すべてを汲みあげ」という表現は、現代の「科学」が「経験」を軽視し、専門領域に閉じこもってしまったことを踏まえ、開かれた学問を求める筆者の姿勢が読み取れる部分です。

なので**正解は1**です。「人間の知恵をより精密に磨きあげながら」は**A**と一致します。「総合的に」は**B**の「経験すべて」をイイカエたものだと考えられます。「人類の発展に寄与する」というのも「人類が、いま、さまざまな局面において当面している個別的、具体的な事態を有効に捕捉し解決しうる科学」(L36)という表現からいえることです。**正解の選択肢は問題文の表現をあまり使わずに、イイカエることが多い**ので、それを読み解く力が必要です。

勘違いしやすいのでもう一度いっておきますが、筆者の考える「学問」は本来「経験科学」であり、いわゆる「科学」も「学問」であり、「経験科学」であるべきなのです。現代の「科学」はそこからはみ出してしまいましたが、最終段落末尾の「解決しうる科学」は、本来あるべき「科学」＝「経験科学」です。

2「これまで達成した科学の成果を用いて」しまっては、新しくつくる＝「創造」になりませんし、問題文に根拠もありません。

3「日常言語で統御（＝コントロール）し」とか、「誰でも新たな分野を開拓できる」という内容が問題文のどこと対応するのか、わからない選択肢です。

4 チョイマヨ ですが、筆者は「知恵才覚と技術」を与えてくれる科学を「創造」しようといっているのです。これまで「蓄積」されたものを学べといっているのではありません。それにその「知恵や技術」を「科学者」のもっているものに限ってしまっては、「人類の経験すべてを汲みあげ」るという筆者の発想と食い違います。だから×です。

ムズ **解答 1**

ご苦労さまでした。現代文の世界が見えてきましたか。見えてきた人はどんどん問題を解いていきましょう。もちろん一題一題を大事にしながら、です。

みんなの努力が実を結ぶことを願っています。